大學 · 中庸

KB140922

슬기바다 03

대학·중용

주희(朱熹) 엮음 | 김미영 옮김

홍익

『대학』·『중용』을 펴내며

『대학』과 『중용』은 유학이 새 시대를 맞이하여 새로운 모습으로 태어나야 할 필요가 생겨난 때에 사상사에 부각되기 시작했다. 그런 만큼 우리들이 『대학』과 『중용』을 접하면서 다가가게 되는 유학의 면모는 후대의 학자들이 재해석한 유학으로, 원시 유학과는 성격을 달리하는 부분이 많다. 또한 현행본 『대학』과 『중용』은 중국 송대 유학자 주희가 완성한 것이다. 후대에 비록 현행본 『대학』과 『중용』의 판본에 대한 비판이 있기는 했지만, 오늘날까지 주희가 편집한 『대학』과 『중용』이 기본 텍스트로 자리 잡고 있다는 사실은 변함이 없다.

주희는 성리학이 새로운 유학의 모습으로 자리 잡아 나갈 수 있도록 상당히 큰 영향력을 행사한 중국의 사상가이다. 그리고 주자학의 영향은 조선조 500년간 우리나라의 많은 지식인에게 정치적인 이념이나 행동상의 지침을 마련해주었다. 그러나 주희사상은 주희 생전에는 그렇게 강력한 힘을 발휘하지 못했다. 그의 사후 원대에 이르러서야 주희가 해석해낸 유학의 경전들이 과거시험 교재로 채택되면서 지배사상으로서의 지위를 누리게 되었다.

특히 『대학』과 『중용』은 주희가 변용한 부분이 많은 만큼 오늘날 『대학』과 『중용』에 대한 해석에도 주희사상의 영향이 짙게 드리워져 있다. 따라서 주희사상에 대한 이해 없이는 『대학』과 『중용』에 대한 이해가 불가능할 정도이며, 주희사상을 이해하기 위해서도 『대학』과 『중용』은 중요한 지침서 역할을 하게 된다. 따라서 이 번역에서는 주희가 해석한 것에 근거하여 『대학』과 『중용』을 번역하였고, 전체적인 체제도 주희가 장절을 나눈 것에 근거하여 장절을 나누었다. 그리고 장절에 대한 설명 역시 주자학자들이 붙인 것에 따라서 간략하게 덧붙였다.

주희에게 『대학』과 『중용』이 그토록 중요하게 다가왔던 이유는 수당대 사상계를 지배했던 불교와 도교에 대적할 만한 새로운 사상을 요청했던 송대에 『대학』과 『중용』에서 그 단서를 발견하였기 때문이다. 따라서 주희는 『대학』과 『중용』을 통해서 유학에서 내세우는 가치의 보편성과 이를 습득하는 공부방법에 대해 논의해나가게 된다. 오늘날 『대학』과 『중용』에서 제기한 격물치지(格物致知) 공부와 중화(中和)에 대한 이해방식은 『대학』과 『중용』을 이해하는 과정에서 중요한 부분을 차지할 뿐만 아니라, 주자학의 학문적 성격을 이해하는 데도 중요하다.

　이처럼 고전은 시대가 변함에 따라 새롭게 재해석되면서 면모를 일신해나가게 된다. 따라서 『대학』과 『중용』을 포함한 많은 고전은 현실에서 제기되는 문제의식을 치열하게 가지고 있을 때 더 많은 이야기를 들려줄 수 있게 된다.

　『대학』과 『중용』은 비록 짧은 글이지만 새로운 유학사상인 성리학의 이론체계가 형성되는 과정에서 핵심적인 논의의 단서를 제공하는 중요한 저작이다. 따라서 이 번역에서는 『대학』과 『중용』이 새롭게 해석되는 과정을 접할 수 있도록 조금 까다로운 부분일지라도 주를 달아서 설명하였다. 그러나 그렇게 만족할 만한 수준은 되지 못한 것 같다. 고전을 번역하는 일은 많은 사람을 고전의 세계와 접할 수 있도록 안내해주는 것이므로 번역은 좀 더 일상화된 언어로 쉽게 할 수 있어야 할 것이다. 그러나 역자의 역부족으로 많이 미흡하다. 이런 미흡한 점을 계속 지적해주면서 좀 더 평이하게 서술할 수 있도록 도와준 이찬 님, 김근호 님께 감사드린다. 그리고 이 책이 나올 수 있도록 힘써준 홍익출판사 사장님과 관계자 여러분께도 감사드린다.

1999년 5월, 2015년 3월
김미영 적다

슬기바다

대학·중용

유교윤리의 입문서,『대학』·『중용』

1.『대학』·『중용』의 저술시기

『대학』과『중용』이 성립된 시기
를 밝히기 위해서는 먼저『대학』과
『중용』이 수록되어 있던『예기』의
성립시기를 밝혀야 한다.『예기』는
한무제 이후 유학 경전들을 수집하
는 과정에서 여러 학자가 수집 정
리한 것이다. 진대에 시행되었던
분서갱유로 유가계열의 글들이 모
두 훼손된 후, 한대에 접어들어 유

유학을 국학으로 채택한
한나라 무제

학이 복권되면서 자료들을 수집 정리하는 과정에서『예기』는 편
집되어 나왔다. 따라서『예기』에 수록된 글들의 성립시기는 편마
다 상당한 편차가 있을 수밖에 없다.

『예기』에 수록되어 있는 글들은 대부분 유가계열의 학자들이 쓴 것
으로 전국시대부터 한나라 초에 이르러 완성되었다고 보는 것이 일
반적인 견해다.『예기』가 편집된 후 학자들은 각 편의 저자나 시기를
추정하기도 하였지만, 이 당시『예기』중에 있었던「대학」,「중용」은

분서갱유를 단행한 진시황제

그다지 주목받지 못하였다. 따라서 송대 이전까지는 「대학」, 「중용」
의 저자문제나 저술시기에 대한 논의는 거의 없었다고 할 수 있다.

「대학」, 「중용」이 사상계에서 주목받기 시작한 것은 수당대에
불교가 크게 번성하자 유가 측에서 불교를 비판할 이론을 마련하
고자 고심하면서부터이다. 따라서 송대 사마광 이전까지『대학』
은 단행본으로 유통되지 않았으며, 『중용』역시 단행본이 서너 권
유통되었을 뿐 사상계에 전면적으로 부상하지는 못했다.

그렇다면『대학』·『중용』이 저술된 시기는 과연 언제로 보는 것
이 타당한가? 이 문제에 대하여 학계는 두 시각으로 나뉘어 있다.

첫 번째 시각은 앞서 언급했듯이『대학』과『중용』이 실려 있던
『예기』에 수록되어 있는 다른 글들과 마찬가지로 진나라 말에서
한나라 초에 저술된 것으로 보는 견해이다. 이 관점을 견지한 학
자들은『대학』과『중용』은 진나라 말에서 한나라 초에 통일된 사
회를 다스리기 위하여 유가 측에서 내놓은 통치철학서라고 규정

공자(왼쪽)와
맹자(오른쪽)

한다.

두 번째 시각은 공자 이후 맹자 이전 시기에 저술되었다는 견해이다. 『대학』과 『중용』의 저자로 공자의 제자인 증자와 손자인 자사를 제시하는 주희의 견해 역시 두 번째 시각에 해당된다.

그런데 현대의 중국 사상사학자인 서복관은 『중용』은 춘추 말에서 전국 초에 저술되었다고 보고, 『대학』은 진나라 말에서 한나라 초에 성립되었다고 본다. 그는 『대학』과 『중용』에서 제시하는 주요 개념의 변천사라는 측면에서 그 근거를 찾고 있다. 즉 『대학』은 '대학'이란 개념의 역사적 변천이라든지, 성의(誠意)개념의 출현 과정을 조명하면서 그 시기를 확정한다. 『중용』은 '임금과 신하 간에는 의로움이 있어야 한다'[君臣有義], '아버지와 자식 간에는 친함이 있어야 한다'[父子有親], '부부간에는 구별이 있어야 한다'[夫婦有別], '연장자와 연소자 간에는 순서가 있어야 한다'[長幼有序], '친구 간에는 신뢰가 있어야 한다'[朋友有信]라는 오륜(五倫) 개념의 등장과정을 통해 그 시기를 확정한다. 즉 『논어』에서는 이 오류를 한꺼번에 거론하지 않았는데 『중용』과 『맹자』에서는 모두 한꺼번에 언급하고 있다는 점, 그리고 『중용』과 『맹자』에서 모두 오류를 언급하고는 있지만 『맹자』에서는 주로 개인적인 차원에서 다루어지는 데 반해서 『중용』에서는 정치적인 차원이 더 강조된다는 점을 바탕으로 『중용』의 저술시기를 『논어』와 『맹자』 사이로 본다.

이처럼 『대학』과 『중용』은 저술시기를 알 수 있는 확실한 자료가 남아 있지 않기 때문에 상당히 많은 논란을 불러일으켰다. 그러나 대부분 앞서 언급한 범위에서 자신의 주장을 펼쳤다. 그리고 그들은 주로 『대학』과 『중용』이 담고 있는 내용이나 개념의 구사 등에 근거하여 자신의 의견을 제시한다.

2. 『대학』·『중용』의 저자문제

앞서 언급하였듯이 『대학』·『중용』의 저자문제를 본격적으로 제기하게 된 시기는 한나라 초로부터 몇백 년이 지난 송대에 이르러서이다. 특히 주희가 『대학』·『중용』의 저자를 자사와 증자로

증자(왼쪽)와
자사(오른쪽)

보면서 이후 많은 학자가 이에 대해 반대하거나 새로운 의견을
제시하게 된다.

　『사기』의 「공자세가」에는 자사가 『중용』을 지었다는 언급이 있
다. 그러므로 『중용』의 저자를 자사로 보는 견해는 비교적 일찍부
터 있었다. 그러나 『대학』의 저자문제는 주희 이전까지는 별다른
논의가 없었다. 유독 주희만이 『대학』을 증자계열의 학자가 썼다
고 주장할 따름이었다.

　사서의 저자와 저술시기를 통해 도통론을 완성하고자 했던 주
희는 공자의 손자인 자사의 스승으로 증자를 지목했다. 자사는
공자의 손자로 아버지를 일찍 여의어 할아버지인 공자가 키우게
된다. 공자는 손자 교육을 자신의 수제자인 증자에게 맡겼을 것
이라고 주희는 추정한다. 그러나 당시까지는 자사의 스승으로 알
려진 증자에게 저서가 없었으므로 증자를 『대학』의 저자로 세우
게 된다. 따라서 주희는 『대학』의 저자는 증자계열, 『중용』의 저

정이(왼쪽)와
정호(오른쪽)

자는 자사라며 도의 전수과정을 밝혔다.

　주희가 자사와 증자를 각각 『중용』과 『대학』의 저자로 내세우게 된 것은 철저한 고증이 뒷받침된 것이라기보다는 유가의 가르침이 전수되는 과정을 설명하는 도통의 순서를 제시하는 것과 밀접하게 연관된 것으로 보아야 한다.

　도통이란 유가의 도가 전수되어가는 흐름을 제시한 것이다. 도통론이 성립됨에 따라 정통과 이단을 나누는 사상계의 풍토가 조성되게 된다. 따라서 유학에서 도통론이 강조되는 당송대부터 유학자들의 이단 배척은 매우 심해진다. 이는 주자학 성립 당시 유학자들이 개진하던 이론에 내재되어 있던 불교적 경향을 비판하는 과정과 긴밀히 결부되어 있다. '이단배척'을 내걸며 치열하게 이론투쟁을 한 결과로 주자학의 이론체계가 더욱 정교해질 수 있었던 것이다.

　즉 상대적으로 도교나 불교의 세력이 강했던 시기를 지나 송대

사서의 체제를 확립한 주희
(陳正夫·何植靖의『朱熹評傳』)

에 접어들어 유학부흥운동이 일어나게 되고, 이에 따라 도교나 불교를 이론적으로 비판할 필요성이 대두되게 된다. 유가의 도가 전해지는 도통을 사서의 성립과정과 결부하면서 학문적 완성을 이루게 된 주희는 유가의 도를 해명하는 과정에서 도교와 불교를 비판하게 된다. 이와 같은 주희의 철학사상은 송대에 새롭게 부상되는 성리학의 학문적 특성을 대변한 것이라고 할 수 있다. 주희는『대학』을 증자가 저술한 것으로 보고『중용』을 자사가 저술한 것으로 보면서 공자 이후 유학의 도가 전해지는 과정을 설명한다. 그는 이 도가 다시 맹자에게 이어졌다가 이후 끊어졌다고 본다. 그리고 그 이후 정이·정호 형제가 나타나면서 끊어졌던 유학의 도가 다시 일어나게 되었다고 주장한다.

오늘날『대학』·『중용』의 원저자 문제는 자료부족으로 더는 논의의 대상이 되지 못한다. 단지 후대의 학자들은 주희가 완성한『대학』·『중용』의 체제를 중심으로 하여 주희의 해석을 비판하거나 받아들일 뿐이다. 따라서 『대학』·『중용』에 대한 이해는 주희의 『대학장구집주』와 『중용장구집주』를 파악하는 데서 시작해야 한다. 그러므로 이 번역에서는 장절을 나누거나 그 의미를 풀 때 주희가 완성한 『사서장구집주』에 근거하였다. 그런데 특히 『대학』의 경우 그 뒤에 주희의 주장에 반대하면서 『고본대학』을 강조하는 풍토가 있었으므로 이를 비교할 수 있도록 해제 마지막에 『고본대학』과 『대학장구』의 차이를 첨부했다.

3. 『대학』·『중용』이 사상사에 등장한 배경

『대학』과 『중용』이 사상사에 등장한 것은 수당시기였다. 수당시기는 도교나 불교에 비해서 유학이 열세에 있었다. 이에 유학을 통해 도교나 불교를 비판하고자 하는 학자들은 『대학』과 『중용』에 주목하게 된다. 유학자들이 도교나 불교를 비판하는 핵심은 출가함으로써 인륜을 저버리는 행위와 승려계층의 증가가 초래하는 사회적 폐단 등에 있었다. 따라서 『대학』에서 제시하는 개인의 수양으로부터 가족, 국가로 확대되어가는 도덕 실천의 체계는 유학자들에게 불교를 비판할 수 있는 체계적 논거를 제시할 수 있었다. 또한 『중용』에서 제시하는 중화(中和)의 도는 역사적으로 성군이라고 칭해지는 요임금과 순임금이 임금의 자리를 물려주면서 전수해준 도의 내용과 일치한다. 이에 『중용』에서 다루어진 내용은 유가 도통론의 내용을 특징짓는 것으로 자리 잡게 된다.

특히 개인의 수양을 강조하는 성리학이 성립되는 과정에서 『대학』과 『중용』은 매우 중요하게 자리 잡게 된다. 『대학』과 『중용』에서 제시하는 유교윤리에 대한 원리적 해석방식은 도교나 불교의 이론틀을 대치할 만큼 수양론을 논하는 데 획기적인 전기를 마련해주었기 때문이다. 따라서 주희 이후 성리학자들은 『대학』·『중용』의 해석을 바탕으로 이론이 더욱 풍성해지고 학파 분화까지 이루게 된다. 이러한 논의의 출발점이 된 사람이 바로 주희였다.

앞서 언급한 것처럼 주희는 『대학』과 『중용』을 유가의 도가 실려 있는 중요한 문헌으로 보면서 『논어』·『맹자』와 함께 묶어 사서체제를 제시한다. 그 뒤 '사서'는 오늘날까지도 동양고전의 입문서로서뿐만 아니라 동양철학의 원형을 접할 수 있는 교재로 자리 잡게 된다. 그러나 남송 초 성리학이 성립되는 시기까지만 해

동양고전의 입문서인『사서장구집주』

도 유학에서 '사서'의 위치는 그리 탄탄하지 못했다. 물론 개별적
으로『논어』나『맹자』·『대학』·『중용』을 거론하는 학자들은 있었
으나 이것을 묶어서 한 체제로 만든 사람은 주희였다. 주희가 사
서를 하나의 체제로 묶은 시기는『대학장구』와『중용장구』의 서
문을 완성한 60세경이다. 주희는 임종 직전까지『대학』의 성의장
(誠意章)을 붙들고 연구에 몰두하였으니, 주희가『대학』의 해석에
얼마나 심혈을 기울였는지 알 수 있다.

　사서의 체제를 완성한 주희는 사서를 읽을 때『대학』·『논어』·
『맹자』·『중용』의 순서로 읽으라고 권한다. 이 순서는 난이도만을
고려한 것이 아니라 사서의 내용에 비추어 공부하는 순서를 정
한 것이다. 즉 "『대학』에서는 규모를 정하고,『논어』에서는 근본
을 세우며,『맹자』에서는 발현된 부분을 관찰하고,『중용』에서는
옛사람의 미묘한 곳을 구하라"라는 그의 주장에서 그가 사서를
다루는 태도를 엿볼 수 있다. 여기서 그는 단순히 사서를 읽는 순

서만 제시한 것이 아니라 사서를 통해서 어떻게 자신을 수행해야 하는지 방향을 제시하게 된다.

이처럼 『대학』과 『중용』이 독립된 저작으로 사서의 일부분이 된 뒤 『대학』과 『중용』은 성리학에서 인간이 자기수양하는 근거와 방법을 이론적으로 체계화하는 중요한 저작으로 자리 잡게 된다. 그런 만큼 성리학의 형성과 전개 과정에서 이 책을 둘러싼 논란이 많게 된다. 그 과정에서 새로운 학문 전통이 수립되기도 하고 확증되기도 한다. 중국의 저명한 사상사학자 서복관은 『중용』은 도덕의 보편성과 필연성을 보장해주는 이론적 기초를 제공한다고 한다. 또 『대학』은 마음〔心〕과 의지〔意〕를 중심으로 하여 도덕과 지성을 하나의 영역으로 묶어놓은 책이라고 한다. 이와 같은 서복관의 설명은 주희가 구상한 사서체제 속에서 『대학』과 『중용』의 위치를 잘 대변해주고 있다.

『논어』와 『맹자』가 주로 구체적인 대화나 이야기를 활용해 일상생활에서의 실천을 강조하는 내용을 다루었다면, 『대학』과 『중용』은 유학의 도덕과 형이상학에 대한 이론서로 볼 수 있다. 그러나 『대학』과 『중용』이 『논어』나 『맹자』에 비해서 이론적인 측면을 많이 다루었다고는 하지만 유학에서는 이론과 실천이 떨어질 수

고대 중국의 학교

없다. 따라서 주희가 세운 『대학』과 『중용』에 대한 관점은 이후 학자들에게 실천과 분리된 이론에 치중했다는 비판을 받게 된다. 이처럼 주희가 『대학』과 『중용』의 체제를 완성한 이후 많은 학자는 주희가 제시한 대학관과 중용관에 도전하기도 하고 새롭게 구성하려는 시도도 하게 된다.

4. 『대학』·『중용』의 구성체제

(1) 『대학』의 구성체제

주희는 '대학'을 '대인지학'(大人之學)이라고 하였다. 대인이란 대학에 들어가서 공부할 수 있는 15세 이상의 사람을 가리킨다. 즉 주희는 『대학』이란 15세가 넘은 왕의 아들이나 공경대부의 고위관직에 있는 사람들의 자식 또는 선비들의 적자 그리고 일반 백성 중 뛰어난 사람들이 대학에 들어가서 배우는 가르침의 내용이라고 보았다.

또한 주희는 대학에 들어가기 이전에는 소학에서 공부를 한다고 하였다. 소학은 8세가 되면 들어가는 곳으로 소학에서는 주로 일상생활의 예절이나 실생활에 필요한 기예(음악, 활쏘기, 말타기, 글쓰기, 셈하기 등)를 여마한다고 한다. 그런데 당시에는 『대학』이란 책만 있고 『소학』이란 책은 전해지지 않았기에 주희는 『소학』을 편집해야 할 필요성을 절감하게 된다. 따라서 『소학』이란 책은 『대학』이 광범하게 읽히던 송대 이후 필요에 따라서 편집되어 나온 책이라고 볼 수 있다.

이처럼 주희는 소학공부와 대학공부를 나누면서 공부의 내용 역시 분류한다. 즉 '소학'에서는 행위의 근거가 되는 원리에 대해 사고하기 이전에 규범이나 기예 등을 몸에 익히는 일을 주된 내용으로 하는 반면 '대학'에서는 '소학'에서 익힌 도덕적인 행위들의 원리를 파악해서 자발적이며 주체적으로 도덕적인 행위를 할 수 있도록 한다고 하였다.

따라서 주희는 『대학』을 설명할 때 '대학'에서 제일 처음 해야 할 공부인 '사물을 탐구하여 자신의 앎을 지극히 한다'[格物致知]

주희를 비판한 왕수인

고 한 부분을 소학공부와 구분되는 대학공부의 특징으로 자리매
김하며 강조한다. 즉 '사물을 탐구하여 자신의 앎을 지극히 한다'
는 공부가 소학에서 익힌 도덕적 행위의 근거를 밝히는 공부라는
것이다. 따라서 그는 이 부분을 『대학』의 중심으로 세우기 위하
여 『대학』 편제에 대대적인 개편을 단행하게 된다. 대학공부의 시
작이면서 중요한 위치를 차지하는 '사물을 탐구하여 자신의 앎을
지극히 한다'는 부분에 대한 주희의 설명은 그 뒤로 많은 학자에
게 논란의 대상이 된다.

　명대 양명학의 창시자인 왕수인 역시 예외는 아니었다. 왕수인
은 청년 시절 주희가 강조한 '격물'의 의미를 파악하기 위해 고민
했다. 그는 자신의 집에 있던 대나무의 이치를 탐구하기 위하여
며칠 낮, 며칠 밤을 계속해서 대나무를 바라보았다. 그러나 병만
얻었을 뿐 대나무의 이치는 파악하지 못한다. 이러한 경험으로
왕수인은 사물을 탐구하라고 한 주희의 주장에 문제가 있는 것

이 아닐까 하는 의구심을 갖게 된다. 그 이후 『대학』을 새롭게 해석하면서 주희가 완성한 대학체제가 아닌 고본대학의 체제로 『대학』을 해석해야 한다고 주장하게 된다. 그 이후 왕수인은 자신의 독자적인 사상을 전개한 결과 주자학과는 다른 양명학을 제창하게 된다.

따라서 『대학』의 구성체제를 파악하려면 먼저 『대학』을 체계적으로 재구성한 주희의 관점을 검토해보고 왕수인이 주희의 대학관 중에서 문제를 제기한 부분을 검토해보는 것이 필요하다. 이는 유학사상사에서 유학이론을 체계화해나가는 과정에서 『대학』이 차지하는 위상이 얼마나 큰지 알 수 있게 해준다. 그러나 이 두 사상가의 대학관에 국한될 경우 『대학』 자체가 성립된 시기의 문제의식을 간과할 우려가 있다. 따라서 주자학이나 양명학으로 재해석한 『대학』이 아닌 『대학』이 저술된 당시 『대학』의 면모를 드러내야 한다고 주장한 조선의 실학자 정약용의 견해를 아울러 살펴보겠다.

여기서 다루는 이 세 사상가는 시간적으로나 공간적으로 서로 멀리 떨어져 있기는 하지만 자신의 사상을 전개하는 데 『대학』을 중요하게 생각하였다는 점은 같다. 주희는 성리학이 성립되는 남송시기의 인물이며, 왕수인은 주자학이 관학이 된 원대 이후 명대에 활동한 사상가이다. 명대 지식인들에게 주자학은 절대적인 권위가 있었다. 그 역시 학문을 시작하면서 주자학의 영향을 많이 받았으나 다양한 여러 사상을 모색하고 실존적 체험을 바탕으로 자신의 독자적인 사상을 수립하게 되었고, 이 사상은 명대를 풍미한 양명학을 형성하게 된다.

반면 정약용은 조선에 도입된 주자학이 세월이 흐름에 따라 점차 공리공담에 흐르는 폐단을 드러내자 주자학이 끼치는 사회적인 병폐에 문제를 제기하게 된다. 당시 사회적 병폐를 일으킨 주자학에 비판적이던 정약용 역시 『대학』을 해석할 때 주희와는 상반된 측면을 제기하게 된다. 그러나 주자학에 반대한다는 측면에서는 왕수인과 같지만 비판의 양상은 왕수인과 매우 다르다. 즉 정약용은 성리학으로 재해석한 대학관에 반대하고 성리학적인 색채를 탈색하여 『대학』에 접근하고자 한다. 그래서 주희가 『대학』의 가르침을 15세 이상 된 사람들이 배우는 것이라고 본 견해에도 반대한다. 즉 『대학』이란 나라를 다스리고 천하를 태평하게 하는 것이 궁극적인 목적이므로 지배층 자제들을 위한 가르침이라고 한정짓는다.

이 세 사상가가 『대학』을 설명하는 방식은 매우 다르며 그 차이는 대부분 주희가 해석한 『대학』을 중심에 두고서 드러난다. 따라서 이 해제에서는 주희가 설명한 『대학』을 먼저 제시하고 이에 대한 두 사상가의 상이한 견해를 곁들이겠다.

주희는 『대학』의 내용을 삼강령과 그 강령의 실천 조목인 팔조목으로 분류하여 『대학』을 경1장 전10장으로 새롭게 구성하였다. 그러고는 경1장은 공자의 말을 증자가 서술한 것이며, 전10장은 증자의 말을 그의 제자들이 기록한 것이라고 주장하였다. 유가의 도가 전수되는 과정을 사서체제로 구현해낸 주희는 당시 학자들에게 널리 통용된 육경체제에 대한 대안으로 사서체제를 제시한다.

이러한 사서체제는 원대에 이르러 관학으로 채택됨으로써 일종의 국정교과서가 되었다. 따라서 통행본 『대학』은 고본대학이 아니라, 주희가 개편한 『대학』이 중심이 된다. 사상계에서는 주희가 개편한 『대학』의 편제를 비판하면서 그에 담긴 사상적 내용도 비판한다. 그러나 주희 덕분에 『대학』의 지위가 확고하게 되었다는 사실 하나만은 의심할 나위가 없다. 그러므로 『대학』의 구성체제를 소개할 때 일반적으로 주희가 새롭게 구성한 『대학장구』를 토대로 하게 된다. 이러한 일반적인 틀에 따라서 이 해제에서도 역시 『대학』의 구성체제를 설명한 주희의 주장을 중심으로 하여 그와 상반된 주장을 한 학자들의 견해를 대비해볼 것이다.

『대학』의 기본 내용은 삼강령 팔조목에 모두 나타난다. 여기에서 삼강령은 밝은 덕을 밝힌다〔明明德〕·백성을 새롭게 한다〔新民〕·지극한 선에 머문다〔止於至善〕이고, 팔조목은 사물을 탐구한다〔格物〕·앎을 지극히 한다〔致知〕·의지를 성실히 한다〔誠意〕·마음을 바르게 한다〔正心〕·몸을 닦는다〔修身〕·집안을 가지런히 한다〔齊家〕·나라를 다스린다〔治國〕·천하를 태평하게 한다〔平天下〕이다. 이 중 주희가 수정을 가한 부분은 삼강령 중 친민(親民)을 신민(新民)으로 고친 것과 조목을 나눌 때 '격물치지장'을 '성의정심장'과 분리하여 별도의 한 장으로 두면서 팔조목을 강조하였다는 점이다. 따라서 이후 논란은 대부분 이와 연관되어 전개된다.

그러면 먼저 삼강령의 의미에 주목하면서 그에 해당하는 팔조목의 문제를 아울러서 살펴보겠다.

삼강령에 대한 이해에서 많은 논란을 불러온 부분은 첫째로 '밝은 덕을 밝힌다'는 구절에서 '밝은 덕'〔明德〕이 함축하고 있는 내용과 둘째, 주희가 원본에 '친'(親)이라고 쓰여 있는 글자를 잘못되었다면서 '신'(新)으로 교체한 문제, 그리고 '지선'(至善)의 의미를 통해 삼강령의 상호 관계를 밝히는 문제이다.

① '밝은 덕을 밝힌다' 〔明明德〕에 대하여

여기에서 말하는 '밝은 덕'은 성리학에서는 인간이 하늘로부터 부여받아 내재된 본성이라고 본다. 주희나 왕수인이나 '밝은 덕'에 접근하는 방식은 같다. 단지 이들의 차이는 '밝은 덕을 밝힌다'고 할 때 행하는 공부방식인 격물치지 공부와 성의정심 공부를 해석하는 데 있다. 격물치지 공부와 성의정심 공부를 해석하는 과정에서는 사물의 이치와 내 마음에 보존되어 있는 본성의 관계라든지, 인간의 본성을 배양할 때 마음이 할 수 있는 역할 내지는 기질 때문에 나오는 사욕을 어떻게 조절할 것인가 등등의 문제다. 그리고 이것은 명덕을 해석할 때 리(理)나 기(氣), 심(心), 성(性)의 관계를 논하는 과정과 결부된다.

그러나 이러한 흐름에 반대하면서 원시유학의 원래 의미를 찾고자 한 정약용은 명덕을 인간이 실현해야 할 가치인 효성〔孝〕·공손함〔弟〕·자애로움〔慈〕으로 보기 때문에 '명덕을 밝히는 것'을 격물치지 공부나 성의정심 공부와 연결하지 않는다. 그는 오히려 전 10장인 치국평천하장(治國平天下章)에서 '자신의 마음을 미루어서 헤아려보는 혈구의 도'[絜矩之道]와 연관시킨다. 이러한 정약용의 해석은『대학』이 저술될 당시가 통일을 위한 철학적 비전이 요청되는 시기였으므로『대학』의 목적 역시 나라를 다스리고 천하를 태평하게 하는 데 있었다고 하는 견해를 반영한 것이다.

이와 같은 정약용의 주장은 단순히『대학』의 고증 작업에만 그치지 않는다. 오히려『대학』의 원래 의미를 강조하면서 당시 주자학 일색이던 조선성리학을 비판하고자 한 것이다. 기존의 조선성리학자들은 주자학을 신봉하면서『대학』의 '밝은 덕'을 리(理)나 기(氣), 심(心), 성(性)의 개념을 가지고서 설명한다. 따라서 '밝은 덕을 밝힌다'고 하는 의미를 곧장 격물치지, 성의정심을 해석하는 부분과 연관짓게 된다. 그러나 정약용은 이러한 해석방식은 지나치게 이론적으로 흐르면서 유학이 본래 갖고 있던 현실적인 효용에 주목하지 않는 사상계 풍토를 조성한다며 비판하게 된다.

그러나 '밝은 덕을 밝힌다'고 한 의미를 자신이 하늘로부터 부여받은 본성을 그대로 드러낸다는 의미로 해석한 주희 이후 전개된 성리학의 흐름에서는 자신이 하늘로부터 부여받은 본성을 그대로 드러내기 위한 공부방법으로 팔조목 중 격물치지와 성의정심에 주목하게 된다.

주희가『대학』을 해석하면서 격물치지와 성의정심을 강조한 이유는 북송대까지만 해도 열세에 있었던 유학을 도교나 불교와 대적할 위치에 올려놓기 위해 유학이론체계 내에 도교나 불교에 상응하는 수양이론을 수립할 필요성이 있었기 때문이다. 따라서 유학 내의 수양이론이라고 할 수 있는 공부론은『대학』에서 제시한 격물치지 공부와 성의정심 공부를 해석하는 과정에서 정교하게 제시된다. 이에 주희의『대학장구』해석 과정에 나타난 격물치지와 성의정심 공부는 유학이론의 새로운 전기를 마련하게 된다.

『대학』을 해석하는 과정에서 중요하게 제기된 격물치지 공부와 성의정심 공부를 어떠한 견지에서 바라보는가 하는 문제는 주희와 왕수인의 사상을 설명해줄 수 있는 분기점이 되는 부분이기도 하다. 즉 주희는 인간의 본성에 갖추어진 이치가 모든 사물에도 내재한다고 보기 때문에 사물에 대한 탐구를 중시한다. 따라서 의지를 성실하게 한다거나 마음을 바로잡기 이전에 사물에 대해 철저히 탐구해야 한다고 본다. 이러한 견해를 바탕으로 주희는『대학』의 전(傳)에 격물치지 항목이 없다고 하면서 보망장(補亡章)을 새로 첨가한다. 그리하여 격물치지를 개별사물에 부여되어 있는 이치를 탐구하여 앎을 지극히 한다는 의미로 해석한다.

그리고 이치를 탐구해 얻은 지식이 다시금 인간수양의 토대가 된다는 의미에서 의지〔意〕, 즉 인간의 행위 동기를 성실히 하고 마음을 바로잡는다는 성의와 정심을 제시한다. 그리고 격물치지 공부와 성의정심 공부를 두 단계의 공부로 보기 때문에 『대학』의 조목을 팔조목으로 나누게 된다.

이는 왕수인이 성의정심 공부를 하게 되면 격물치지 공부는 그 안에 포괄되므로 격물치지장을 별도로 첨가할 필요가 없다고 주장하는 것과 상반된다. 따라서 주희가 격물치지 공부를 성의정심 공부를 하기 이전에 해야 할 공부로 보고 격물치지 공부에 해당하는 보망장을 첨가한 것과 달리 왕수인은 『고본대학』을 강조하게 된다.

『고본대학』을 강조하는 왕수인은 인간의 마음에 모든 이치가 내재하므로 외부사물에 대한 탐구를 중시할 경우 너무 여러 갈래로 복잡하게 된다고 비판한다. 그는 주희의 격물치지 해석에 반대하면서 새로운 해석을 내놓는다. 즉 인간의 행위동기라고 할 수 있는 '인간의 의지'〔意〕를 성실하게 하고 마음을 바르게 함으로써 격물치지에 도달할 수 있다고 하였다. 따라서 '격물치지'를 사물의 바르지 못한 것을 바르게 하고 인간에 내재된 양지를 다

발현하는 것이라고 해석한다. 이러한 견해를 취한 왕수인은 주희가 격물치지와 성의정심을 서로 다른 단계로 두어 별도 장으로 나눈 것과 달리 성의정심 공부에 이미 격물치지 공부가 포함되어 있다고 보게 된다. 따라서 격물치지에 해당하는 장을 보충해 넣을 필요가 없다고 주장한다.

② '백성을 새롭게 한다'〔新民〕에 대하여

주희는 삼강령 중 첫 번째인 '밝은 덕을 밝힌다'는 부분은 개인수양의 측면에서 설명하고 개인의 수양이 완성되는 것은 결국 사회로 확산하여 백성을 교화할 때 가능하게 된다는 점을 강조한다. 따라서 이 두 번째에서 '백성을 새롭게 한다'는 것은 백성들이 도덕적인 감화를 받아서 풍속이 아름답게 되는 것을 의미한다. 이렇게 본다면 밝은 덕을 밝힌다는 의미는 바로 격물치지 공부와 성의정심 공부를 통해서 자신의 몸을 닦는 공부〔修身〕를 의미하고, 백성을 새롭게 한다는 의미는 자신의 몸을 닦은 결과 행해지는 백성의 교화로 가족이나 국가가 다스려지는 것을 의미한다. 이렇듯 주희가 '친민'을 '신민'으로 고쳐야 한다고 주장한 근거는 전2장의 내용 때문이다. 즉 전2장에서 인용된 「반명」, 「강고」,『시경』의 내용이 모두 새롭게 한다는 '신'(新)에 초점이 있으므로 당연히 '친민'이 아닌 '신민'이어야 한다는 것이다.

그러나 왕수인은 『고본대학』에서 친민이라고 되어 있는 부분을 주희처럼 신민으로 고칠 필요가 없다면서 백성을 서로 친밀하게 한다, 즉 서로 화합하게 한다는 의미로 해석한다. 이것은 결국 '친애함'(親)의 대상을 자신으로부터 가장 가까운 부모에서 점차로 대상을 확장해나가는 것을 의미하므로 결국 자신의 수양으로부터 집안이 가지런해지고 나라가 다스려지며 천하가 태평해짐을 의미하게 된다고 말한다. 따라서 주희처럼 '친'(親)을 '신'(新)으로 바꿀 필요가 없다고 주장한다.

이러한 주희와 왕양명의 주장에 대하여 정약용은 명덕의 내용을 효성, 공손함, 자애로움으로 보고 효성, 공손함, 자애로움, 이 세 덕목을 모두 친민의 근거로 제시한다. 즉 명덕을 밝힘은 인륜을 밝힘이고, 친민은 백성들 간에 서로 친애한다는 의미라는 것이다. 그는 이러한 주장을 하면서 주희나 정자가 '친'자를 '신'자로 바꾸어야 한다는 논거로 제시한 전2장을 해석하면서 '신'(新)과 '친'(親)은 글자형태도 유사하고 뜻도 서로 통하며 게다가 예전에 '신'자에 '친'자의 의미가 들어 있었으므로 친민에 대한 전거

로 볼 수도 있다는 의견을 제시한다. 그러나 정약용은 어느 한 주
장을 고집하지 않고 두 가지 의미 모두 타당한 측면이 있다고 말
한다. 참고로 이 번역에서는 주로 주희의 체제에 따라서 설명하
므로 일단은 모두 신민으로 해석하였다.

③ '지극한 선에 머문다' 〔止於至善〕에 대하여

'지선'의 문제를 주희는 자신의 수양과 백성교화, 그리고 궁극
적인 인간의 지향점에 도달하는 측면으로 설명한다. 즉 '지극한
선에 머문다'는 의미는 모든 만물에 있는 이치를 탐구하여 축적
하고 자신을 잘 배양함으로써 깨달음을 통하여 하나로 관통하는
진리를 지니게 된다는 것이다. 따라서 수양을 할 때도 지극한 선
에 도달하게 되면 교화의 범위가 천하를 태평하게 하는 경지에까
지 도달할 수 있다고 본다. 결국 지극한 선에 머문다는 것은 모든
대상에 내재된 지극히 선한 이치를 그대로 드러낼 수 있는 것을
의미한다.

그러나 외부 사물에 대한 이치 추구에 반대하는 왕수인은 '지
극한 선'을 자신의 마음에 갖추어져 있는, 태어나면서부터 알고
있는 '양지'(良知)로 본다. 따라서 지극한 선을 견지하여 지극한

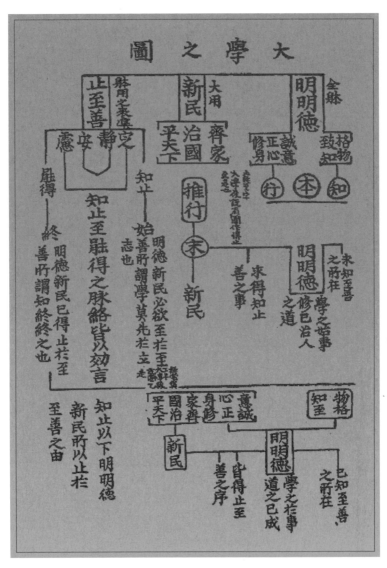

조선의 성리학자가 바라본 대학(尹鑴, 『白湖全書』)

선이 자신의 마음에 있음을 안다면 외부사물에 대한 탐구를 굳이 할 필요가 없게 된다.

이상 격물치지나 성의정심, 지선과 관련된 논의는 주로 성리학이 전개되는 과정에서 논란이 많이 된다. 그리고 이러한 논의는 곧바로 학파 형성으로 이어진다. 이러한 징황에 따라 본다면 개인의 수양을 강조하는 학문 특성상 주희와 왕수인은 치국평천하장보다는 격물치지장과 성의정심장을 더욱 강조하게 된다. 즉 격물치지를 강조하면서 별도로 보망장을 둔 주희의 의도나 이에 반대해 보망장을 둘 필요가 없다면서 『고본대학』을 중시하는 왕수인의 견해는 모두 그들 자신의 사상을 전개하는 과정에서 나온 결과라고 볼 수 있다. 그리고 주희나 왕수인의 대학관을 비판하면서 『대학』의 원래 의미를 찾는 정약용의 관점 역시 『대학』 해석을 통해 자신의 사상을 표현해낸 것으로 볼 수 있다.

주희가 장절을 나눈 『대학장구』와 『고본대학』의 차이를 비교할 수 있도록 원문을 첨부한다. 편의상 여기서 나눈 장절은 모두 주희가 분류한 장절에 따른 것임을 밝힌다. 『고본대학』과 차이나는 부분에는 화살표로 표시해두었다. 그리고 『고본대학』에서는 주희처럼 각 장을 나누지 않기 때문에 각 장에 표제를 달지 않았다.

經1章

1. 大學之道 在明明德 在新民 在止於至善

2. 知止而后有定 定而后能靜 靜而后能安 安而后能慮 慮而
   后能得

3. 物有本末 事有終始 知所先後 則近道矣

4. 古之欲明明德於天下者 先治其國 欲治其國者 先齊其家
   欲齊其家者 先脩其身 欲脩其身者 先正其心 欲正其心者
   先誠其意 欲誠其意者 先致其知 致知在格物

5. 物格而后知至 知至而后意誠 意誠而后心正 心正而后身脩
   身脩而后家齊 家齊而后國治 國治而后天下平

6. 自天子以至於庶人 壹是皆以脩身爲本

7. 其本亂而末治者否矣 其所厚者薄而其所薄者厚 未之有也

※ 傳5章 6章

※ 傳3章의 4절 5절

傳1章: 明明德

1. 康誥曰 克明德

2. 太甲曰 顧諟天之明命

3. 帝典曰 克明峻德

4. 皆自明也

傳2章: 新民

1. 湯之盤銘曰 苟日新 日日新 又日新

2. 康誥曰 作新民

3. 詩曰 周雖舊邦 其命維新

4. 是故君子無所不用其極

傳3章: 止於至善

1. 詩云 邦畿千里 惟民所止

2. 詩云 緡蠻黃鳥 止于丘隅 子曰 於止 知其所止 可以人而不
   如鳥乎

3. 詩云 穆穆文王 於緝熙敬止 爲人君 止於仁 爲人臣 止於
   敬 爲人子 止於孝 爲人父 止於慈 與國人交 止於信

4. 詩云 "瞻彼淇澳, 菉竹猗猗. 有斐君子, 如切如磋, 如琢如磨. 瑟兮僩兮, 赫兮喧兮. 有斐君子, 終不可諠兮!" 如切如磋者, 道學也, 如琢如磨者, 自修也, 瑟兮僩兮者, 恂慄也, 赫兮喧兮者, 威儀也, 有斐君子, 終不可諠兮者, 道盛德至善, 民之不能忘也.

5. 詩云 "於戲前王不忘!" 君子賢其賢而親其親, 小人樂其樂而利其利, 此以沒世不忘也.

傳4章: 釋本末

子曰 聽訟吾猶人也 必也使無訟乎 無情者不得盡其辭 大畏民志 (此謂知本)

傳5章: 格物致知

1. 此謂知本(衍文)

2. 此謂知之至也

傳6章: 誠意

1. 所謂誠其意者 毋自欺也 如惡惡臭 如好好色 此之謂自謙

故君子 必愼其獨也

2. 小人閒居爲不善 無所不至 見君子而后厭然 揜其不善 而
   著其善 人之視己 如見其肺肝 然則何益矣 此謂誠於中 形
   於外 故君子·必愼其獨也

3. 曾子曰 十目所視 十手所指 其嚴乎

4. 富潤屋 德潤身 心廣體胖 故君了必誠其意

傳7章: 正心修身

1. 所謂脩身在正其心者 身有所忿懥 則不得其正 有所恐懼
   則不得其正 有所好樂 則不得其正 有所憂患 則不得其正

2. 心不在焉 視而不見 聽而不聞 食而不知其味

3. 此謂脩身在正其心

傳7章 이후는 구본과 같으므로 생략함.

(2) 『중용』의 구성체제

일반적으로 『중용』은 동양의 윤리문화를 대변하는 대표적인 책
으로 손꼽힌다. 그러나 중국철학사에서 유학의 부흥기인 송대 이

요임금

전에 『중용』은 『대학』과 마찬가지로 『예기』의 한 편에 속한 글일 뿐 크게 주목받지 못하였다. 『중용』은 심성론과 우주론의 관계 속에서 인간의 행위원리를 밝혔다는 측면에서 주목받기 시작하였다. 이는 유학이 불교와 대립하며 불교와 구분되는 형이상학적인 체계를 밝히는 과정에서 새롭게 조망된 부분이라고 할 수 있다.

특히 유학자들이 성군으로 지칭하는 요순시대에 요임금과 순임금은 임금의 자리를 물려주면서 가르침을 베풀었는데 그 내용은 '중'(中)이었다. 따라서 『중용』은 책 이름에서도 알 수 있듯이 성인이 전해준 유학의 도의 내용을 다룬 저술로 간주된다. 따라서 주희는 『중용』을 소개하면서 도통을 강조하게 된다.

성인이 전해준 유학의 도는 바로 요임금이 순임금에게 임금의 자리를 물려주면서 내린 "중을 잘 간직하여라"〔允執厥中〕라고 한 내용과 순임금이 우임금에게 임금의 자리를 물려줄 때 요임금이 베풀어준 가르침을 부연 설명하면서 "사람의 마음은 위태롭고 도

순임금과 우임금

의 마음은 은미하니 오직 정밀하게 탐구하고 마음을 하나로 모아서 중을 잘 간직하여라"〔人心惟危 道心惟微 惟精惟一 允執厥中〕라고 한 내용 속에서 그 의미를 찾을 수 있다. 결국 순임금이 덧붙여서 설명한 것은 '중'을 간직하는 공부를 말하는 것이다. 따라서 주희는 바로 이 점에 착안하여 『중용』을 성인이 전해준 도를 상세하게 기술한 책으로 보게 되며, 『중용』에서 베풀어진 가르침을 잘 닦게 되면 이단의 무리가 더는 그 세력을 누릴 수 없게 될 것이라고 하였다.

　주희는 『중용』의 전체 구성을 처음에는 하나의 이치를 말하고, 중간에는 흩어져서 모든 일에 적용하여 드러내고, 마지막에는 다시 합쳐져 하나의 이치를 말한다고 본다. 여기서 말한 '처음에 하나의 이치를 말하였다'고 하는 것은 공자가 전해준 요체를 자사가 서술하였다고 한 제1장을 의미한다. 그리고 '중간에는 흩어져서 모든 일에 적용하여 드러내주었다'는 것은 중용을 이루는 방법인 지혜·인자함·용맹의 삼달덕(三達德)과 천하국가를 다스리는 원칙인 구경(九經) 및 귀신에게 제사지내는 일 등을 의미한다. 마지막에서 '다시 합쳐져 하나의 이치를 말하였다'고 한 것은 하늘이 하는 일을 의미한다.

『중용』이 본래 몇 장으로 구성되어 있는가 하는 문제도 여러 의견이 있으나 대체로 33장으로 나눈다. 그러나 33장으로 나누는 학자 간에도 장을 나누는 곳에 차이가 있다. 이 해석에서는 주희가 장을 나눈 것에 따라 33장으로 나누었다. 그러면 『중용』의 전체 의미를 크게 이 세 측면으로 나누어서 설명해보겠다.

① 천인합일의 도: '중용'과 '중화'

유학자들은 예부터 인간의 행위근거를 자연에서 도출해낸다. 따라서 이상경계를 체득한 사람은 바로 자연의 원리에 따라서 그대로 행동할 수 있다. 이러한 사람은 '나면서부터 아는 사람'[生而知之者], 즉 성인이라 할 수 있다. 성인은 어떠한 인위적인 노력을 하지 않아 하늘의 원리에 따라 행동하는 사람으로 자신이 하고자 하는 것과 마땅히 행해야 하는 것이 합치되어 있는 사람이다.

그러나 사람들은 대부분 '배워서 아는 사람'[學而知之者]이거나,

'고심해서야 아는 사람'〔困而知之者〕이므로 끊임없이 자신을 연마해야 한다. 따라서 유학자들은 항상 삼가고 조심해서 하늘의 원리를 파악할 수 있어야 한다고 강조한다. 그러나 이때 중요한 것은 인간이 탐구해야 할 이치가 무엇인가를 밝히는 것보다는 어떻게 공부하여 하늘의 원리를 잘 보존할 것인가 하는 것이다. 이런 의미에서 볼 때『중용』의 제1장은 인간이 행해야 할 원리의 근원이면서 동시에 인간 자체를 규정해줄 수 있는 존재원리를 함께 제시한다는 점에서 천인합일의 근거를 제시한 것이라 할 수 있다.

　중용의 의미는 무엇일까? 주희는 '중'(中)은 치우치거나 기댐이 없으며 지나치거나 부족함이 없는 것이고, '용'(庸)은 평상의 의미로서 본분에 의거하여 괴이한 일을 하지 않는 것이라고 하였다. 한대의 정현도 '용'을 항상되다의 의미로 보고 "중을 사용하여 항상된 도가 된다"라고 주를 달고 있다. 또한 현대 중국 사상사학자인 전목은 『장자』「제물론」에서 처음으로 '庸'이 사용되었다고 하면서 '중용'의 용도『장자』에서 나온 의미와 마찬가지로 '작용한다'는 의미를 갖는다고 하였다. 이처럼 '용'을 해석하는 방식은 모두 작용의 측면에서 접근한다. 여기서 작용이란 하늘의 이치가 개개사물에 내재된 상태를 의미한다. 따라서 정이는 '중'은 천하의 올바른 도이고, '용'은 천하의 일정한 이치라고 하였다. 중용에서 말하는 천하의 올바른 도와 천하의 일정한 이치가 구현된 상태를 중화라고 한다.

즉 『중용』 제1장의 첫 구절인 "하늘이 만물에게 부여해준 것은 본성이며, 성을 따라서 행동하는 것은 도이고, 도를 닦는 것은 가르침이다"라는 것은 하늘의 원리와 인간이 행해야 할 준칙이 모두 인간의 본성에 내재되었으므로 하늘이 인간에게 부여해준 본성을 얼마나 잘 지켜나가고 보존할 것인가가 관건이 된다는 것을 의미한다. 그리고 문명의 세계를 창출한 성인 역시 모든 만물에 부여된 본성에 따라서 가르침을 베풀어야 함을 강조한다. 따라서 하늘이 부여해준 원리를 그대로 실현할 수 있는 최상의 상태인 중화를 설명하면서 인간의 성정을 논의하게 된다. 즉 희로애락의 감정이 절도에 맞게 발현된 중화의 상태를 유지하기 위해서는 끊임없이 삼가고 조심하는 공부를 통해서 성정을 함양해야 한다는 것이다. 이처럼 천하의 가장 큰 근본과 천하의 모든 사람이 행해야 하는 도는 작용의 측면에서 본다면 중용의 도가 된다. 즉 중용의 도란 인간사에서 인간이 따라야 하는 행위원칙으로서의 예의를 의미한다. 따라서 때에 맞게 행동할 수 있는 시중(時中)의 도야말로 중용의 도라고 할 수 있다.

② 도에 들어가는 문: 지혜로움·인자함·용맹함

『중용』에서는 도에 들어가는 문으로 지혜로움·인자함·용맹함 이 세 가지 덕[三達德]을 제시하고 있다. 여기서 도란 인간이 맺어나가는 다섯 유형의 대표적인 인간관계 속에서 지켜야 할 도리라 할 수 있다. 즉 임금과 신하 간, 아버지와 자식 간, 부부간, 형제간, 친구 간에 행해야 하는 행동원리다. 이것은 한대에 유학이 지배적인 위치를 차지하게 되면서 중요하게 생각하였던 '임금과 신하 간에는 의리가 있어야 한다'[君臣有義], '아버지와 자식 간에는 친함이 있어야 한다'[父子有親], '부부간에는 구별이 있어야 한다'[夫婦有別], '어른과 젊은 사람 간에는 순서가 있어야 한다'[長幼有序], '친구 간에는 신의가 있어야 한다'[朋友有信]는 오륜개념의 한 형태라고 할 수 있다.

지혜로움·인자함·용맹함은 인간이 실천해야 하는 다섯 가지 도를 행하는 방법이다. 이는 유학에서 중요한 논의대상인 앎과 실천의 문제와 연관되어 있다. 즉 지혜로움은 당연히 앎에 해당하고, 인자함은 실천에 해당하며, 용맹함은 앎과 실천을 실현할 수 있는 덕목이다. 따라서 『중용』에서 성인인 순임금이 지혜롭다고 했을 경우는 실천과 분리되어 있는 앎이 아니고 앎 속에 이미 실천이 내재한다고 할 수 있다.

　순임금은 유가에서는 성인에 해당하므로 나면서부터 아는 사람이고 또한 아무런 주저함 없이 편안하게 실천에 옮길 수 있는 사람이다. 반면 배워서 아는 사람은 그 앎이 깊이가 있지 않으므로 항상 실천을 하면서 검증해야 한다. 따라서 인자함을 실천의 단계로 본다. 용맹함은 앎과 실천을 꾸준히 지속할 수 있는 덕목으로 지혜와 인자함만 있고 용맹함이 없다면 꾸준히 지속할 수 있는 힘이 약해진다고 한다.

　그러나 유학에서 인간 덕목으로 지혜로움·인자함·용맹함을 제기한 것은 『중용』 이후에는 찾아보기 어렵다. 『맹자』에서는 사단을 언급하면서 인자함·의로움·예의·지혜를 강조하고, 뒤에는 여기에 신뢰를 덧붙여서 오상의 덕을 인간이 행해야 할 덕으로 자주 거론한다. 따라서 이러한 측면에서 서복관은 『중용』에서 제시한 지혜로움·인자함·용맹함은 『논어』에서 제기한 가르침을 따른 것이고, 『맹자』 이후에는 인의예지신이 일반화된다고 한다. 그는 이를 근거로 하여 『중용』이 『맹자』 이전에 저술되었다고 주장하기도 한다.

③ 하늘의 도와 사람의 도: '성실함'〔誠〕, '성실히 함'〔誠之〕

『중용』에서 중요하게 거론되는 것 중 하나는 바로 '성실함'이다. 『중용』에서는 '성실함'〔誠〕은 하늘의 도이고 '성실히 함'〔誠之〕은 사람의 도라고 하여 분리한다. 즉 성실함이란 타고나면서 하늘의 도를 그대로 체현하므로 애써 노력하거나 생각하지 않아도 중도에 따라서 살아갈 수 있는 것을 의미한다. 반면, 성실히 함이란 선한 가치를 붙들고 그것을 놓치지 않고 꾸준히 실천해나가는 공부의 과정으로, 이를 통해서만 중도가 실현될 수 있다고 한다. 즉 하늘의 도와 사람의 도를 나누는 근거로 인위적 노력이 필요한가라는 점을 들고 있다. 『중용』 제21장부터 제32장까지는 하늘의 도와 사람의 도를 번갈아가면서 서술하고 있다. 여기서 말하는 하늘의 도와 사람의 도 역시 이와 같은 맥락이다.

『중용』에서는 성실함을 사물의 처음과 끝을 관통하는 것으로 보고 성실하지 않으면 어떠한 사물도 존재할 수 없다고 말한다. 결국 『중용』에서 제시하는 성실함이란 하늘의 도와 사람의 도가 어떠한 간격도 없이 합치된 상태에서 도달할 수 있는 것으로서 모든 존재의 존재근거가 되면서도 사람들이 끊임없이 노력해야 하는 근거가 된다.

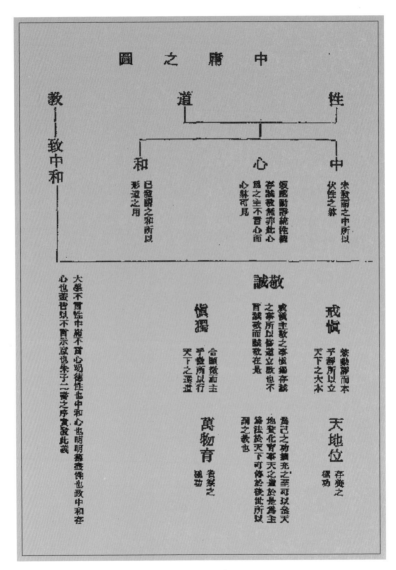

조선의 성리학자가 바라본 중용(尹鑴, 『白湖全書』)

따라서 제1장에서 하늘이 만물에 부여해준 본성과 도를 닦는 것인 가르침을 존재의 원리이면서 행위의 원리인 성실함을 가지고 설명한다. 이때 '성실함을 통해서 명철해질 때'〔自誠明〕는 타고난 본성을 그대로 실현한 것이라 하고, '명철함을 통해서 성실해질 때'〔自明誠〕는 바로 후천적 가르침으로 자신의 본연을 회복한 것이라고 하였다.

『대학』

大學章句序

大學之書古之大學所以敎人之法也蓋自天

降生民則旣莫不與之以仁義禮智之性矣

然其氣質之稟或不能齊是以

내각본, 영조

경1장

공자의 말씀을 증자가 풀어서 설명하였다

증자(曾子)에 관하여 (「공자가어」 중에서)
증자의 이름은 증삼(曾參)으로 남무성 출신이다.
그의 자(字)는 자여(子輿)이고 공자보다 46세 어리다.
그는 효에 뜻을 두었으므로 공자가 그에게 『효경』(孝經)을 지어 주었다.
제나라에서 그를 초빙하여 경(卿)으로 삼고자 하였으나
거절하면서 다음과 같이 말하였다.
"다른 사람의 녹을 먹게 되면 다른 사람의 일에 정성을 쏟아야 한다.
그런데 부모님이 연로하시기 때문에 나는 차마 부모님을 멀리하고서
다른 사람을 섬길 수는 없다.
나의 계모가 나에게 잘 대해주지는 않았지만
그렇다고 공양을 소홀히 하지는 않았다.
한 예로 내 처가 설익은 밥을 차려놓은 적이 있어
그 일로 나는 내 처를 쫓아냈다.
사람들은 칠거지악에 속하지 않는다고 말했지만 나는 그렇게 생각하지 않는다.
밥을 짓는 일은 작은 일일 따름이다.
내가 밥을 잘 익히라고 말해두었는데 나의 말을 듣지 않았다.
하물며 큰일의 경우는 어떠랴 싶어 마침내 처를 내쫓았던 것이다.
그러고는 종신토록 재혼을 하지 않았다……."

1

대학의 도는 밝은 덕을 밝히는 데 있으며, 백성을 새롭게 하는
데 있으며, 지극한 선에 머무는 데 있다.[1]

大學之道, 在明明德, 在新民, 在止於至善.

2

머무를 곳을 알고 난 뒤에야 일정한 방향이 있게 되고, 일정한
방향이 있고 난 뒤에야 차분해질 수 있으며, 차분해진 뒤에야 평
안해질 수 있고, 평안해진 뒤에야 사려할 수 있으며, 사려한 뒤에
야 성취할 수 있다.

知止而后有定, 定而后能靜, 靜而后能安, 安而后能慮, 慮而后
能得.

3

사물에는 근본과 말단이 있고, 일에는 처음과 끝이 있다. 무엇
을 먼저 하고 무엇을 나중에 할지 알게 된다면 도에 가깝게 될 것
이다.[2]

---

1. 이 항목에 관한 구체적인 논의는 해제에서 상세하게 다루었으니 참조 바람.
2. 이 문장을 해석할 때 주희는 '사물'[物]과 '일'[事]을 같은 것으로 보았다. 단

物有本末, 事有終始, 知所先後, 則近道矣.

4

　예전에 온 세상에 밝은 덕을 밝히고자 하는 사람은 먼저 자신의 나라를 다스렸다. 그리고 자신의 나라를 다스리고자 하는 사람은 먼저 자신의 집안을 반듯하게 하였다. 자신의 집안을 반듯하게 하고자 하는 사람은 먼저 자신의 몸을 닦았다. 자신의 몸을 닦고자 하는 사람은 먼저 자신의 마음을 바로잡았다. 자신의 마음을 바로잡고자 하는 사람은 먼저 자신의 의지를 성실하게 하였다. 자신의 의지를 성실하게 하고자 하는 사람은 먼저 자신의 앎을 지극히 하였다. 앎을 지극하게 하는 것은 사물을 탐구하는 데

지 '근본'(本)은 명덕(明德)이고 '말단'(末)은 신민(新民)이며, 머무를 곳을 아는 것(知止)은 처음이고, 성취(能得)는 끝이라고 해석하여, 사물과 일의 차이보다는 본말과 시종(始終)이 가리키는 것에 주목하였다. 반면 정약용은 '사물'이란 자신이 형상을 지니고 있는 것이고, '일'이란 행위하는 것이라고 본다. 따라서 '사물'과 '일'이 각각 지칭하는 것을 성의(誠意), 정심(正心), 수신(修身), 제가(齊家), 치국(治國), 평천하(平天下)의 6조목에서 찾는다. 즉 '물'이란 대상을 지칭하는 것이기 때문에 명사인 의, 심, 신, 가, 국, 천하를 의미하고, '사'란 행위를 지칭하므로 동사인 성, 정, 수, 제, 치, 평을 의미한다는 것이다. 이와 같은 양자의 견해 차이는 이 항목을 해석할 때 주희는 윗구절과 연관시키고, 정약용은 아랫구절과 연관시키게 하였다. 따라서 정약용은 근본과 말단을 명덕과 신민에서 찾지 않는다. 의(意), 심(心), 신(身), 가(家), 국(國), 천하(天下)가 중층적으로 본말관계를 이루고 있다고 주장한다.

있다.[3]

古之欲明明德於天下者, 先治其國. 欲治其國者, 先齊其家.
欲齊其家者, 先修其身. 欲修其身者, 先正其心. 欲正其心者,
先誠其意. 欲誠其意者, 先致其知. 致知在格物.

5

사물이 탐구된 뒤에 앎에 이르게 된다. 앎에 이른 뒤에 의지가
성실하게 된다. 의지가 성실하게 된 뒤에 마음이 올바르게 된다.
마음이 올바르게 된 뒤에 몸이 닦여진다. 몸이 닦여진 뒤에 집안
이 반듯해진다. 집안이 반듯해진 뒤에 나라가 다스려진다. 나라
가 다스려진 뒤에 온 세상이 태평해진다.

---

3. 예부터 '치지재격물'(致知在格物)에서 '격'을 어떻게 풀이하는가에 따라서 격
물(格物)을 여러 가지로 해석하였다. 대표적인 예로 정현은 '오다'는 의미의
'래'(來)라고 보았고, 사마광은 바로잡는다는 의미에서 '정'(正)이라고 보았다.
따라서 정현은 선에 대한 앎이 깊어지면 선한 것(善物)이 오고, 악에 대한 앎
이 깊어지면 악한 것(惡物)이 온다고 해석한다. 반면 사마광은 '사물을 바로
잡는다'라 해석한다. 사마광의 이러한 해석은 뒤에 왕양명에게 계승된다. 그
러나 주희는 '격'을 도달한다는 의미의 '지'(至)라고 해석하여 '사물의 이치에
도달함'이라고 해석한다. 반면 정약용은 앞서 '물'과 '사'를 구분한 것에 준하
여 '치지'는 먼저 하고 뒤에 할 일을 아는 것으로 보았고, '격물'은 사물의 본
말을 헤아리는 것으로 보았다. 이처럼 주희와 정약용은 물을 사물의 이치로
보느냐 아니면 본말로 보느냐에 차이가 있다. '격'을 탐구하다로 해석한 데는
차이가 없다. 여기서도 거기에 맞춰 '격'을 탐구하다로 번역하였다.

物格而后知至, 知至而后意誠, 意誠而后心正, 心正而后身修,
身修而后家齊, 家齊而后國治, 國治而后天下平.

6

천자부터 일반 백성에 이르기까지 한결같이 모두 몸을 닦는 것
을 근본으로 삼았다.

自天子以至於庶人, 壹是皆以修身爲本.

7

근본이 흐트러져 있는데 말단이 다스려지는 일은 없다. 도탑게
대해야 할 대상을 야박하게 대하면서 야박하게 대해야 할 대상을
도탑게 대하는 경우는 없다.[4]

其本亂而末治者否矣, 其所厚者薄, 而其所薄者厚, 未之
有也.

---

4. 주희는 여기서 근본을 몸〔身〕으로 보았고, 중요하게 생각해야 할 것은 집안
〔家〕이라고 보았다. 그러나 정약용은 일차적으로 중요하게 생각해야 할 것은
수신에서 말하는 몸이며, 부차적인 것은 백성이라고 본다. 주희처럼 중요하
게 생각해야 할 것을 집안이라고 보면 근본이 두 개가 된다고 하면서 정약용
은 주희의 견해에 반대한다.

전1장

"밝은 덕을 밝힌다"[明明德]에 관하여

옥계 로씨는 이 장의 내용을 다음과 같이 설명한다.
즉 「강고」의 내용은 4절에서 말하는 "스스로의 덕을 밝힌다"의 처음의 일이고,
「제전」의 글은 "스스로의 덕을 밝힌다"의 마지막 일이며,
「태갑」의 글은 그 중간에 있으므로 스스로의 덕을 밝히는 공부이다.

1

「강고」¹에 "덕을 밝힐 수 있어야 한다"라고 하였다.

康誥曰 "克明德."

2

「태갑」²에는 "하늘이 부여한 밝은 명을 항상 돌아보고 살핀다"
라고 하였다.

太甲曰 "顧諟天之明命."

---

1. 『서경』(書經) 「주서」(周書)의 편명이다. 성왕이 관숙(管叔)과 채숙(蔡叔)을 징
    벌하고 은나라의 남은 백성들을 위하여 문왕의 아들이며 무왕의 동생인 강
    숙(康叔)을 봉하였을 때 지은 글이다. 이 편을 무왕의 글이라고도 한다.
2. 『서경』「상서」(商書)의 편명이다. 이 편은 이윤이 태갑에게 가르침을 일러준
    절차와 태갑이 이윤과 주고받은 글을 모아놓은 것이다. 여기에 인용된 글은
    이윤이 앞으로 왕이 될 태갑에게 보낸 글의 서두이다. 이 글에는 원래 앞시
    대에 계셨던 위대한 선왕인 탕임금이 이러하였다는 것을 알려줌으로써 태갑
    역시 선왕의 덕을 본받아야 한다는 의미를 담고 있다. 이러한 가르침의 결과
    로 태갑이 현명해지자 이윤은 태갑을 다시 불러서 왕의 자리에 앉혔다. 후대
    에 이윤이 태갑을 내친 일을 두고 맹자에게 현명한 신하는 어질지 못한 왕을
    내몰아도 되느냐고 질문하자 맹자는 이윤의 뜻을 지니고 있다면 가능하지만
    그렇지 않고 왕위가 탐나서 사사로운 뜻을 지니고 한 행동이라면 찬탈이라
    고 말하게 된다.

3

「제전」에서는 "위대한 덕을 밝힐 수 있었다"라고 하였다.[3]

帝典曰 "克明峻德."

4

앞서 인용한 것은 모두 스스로 (자신의 덕을) 밝히는 것이다.

皆自明也.

---

3. 『서경』「우서」(虞書)의 편명이다. 이 편은 요임금의 공적을 실어놓은 글로 요
   전(堯典)이라고도 한다. 후세에는 여기에 실린 일들을 통치의 표준으로 생각
   하였다. 그 내용은 밝은 덕을 밝히면 모든 친족이 서로 친애하게 되고, 이것
   이 더욱 확대되어 화목한 풍속을 이루게 된다는 것이다. 『대학』에서 '몸을 닦
   음'(修身)에서 '천하를 태평하게 함'(平天下)에 이르는 과정을 설명하는 원형
   적 모델이 된다.

전2장

"백성을 새롭게 한다"[新民]에 관하여

진순은 이 장에 인용된 「반명」, 「강고」, 『시경』이 세 편에 순서가 있다고 하였다.
즉 「반명」은 백성을 새롭게 하는 토대이고,
「강고」는 백성을 새롭게 하는 일이며,
『시경』은 백성을 새롭게 한 결과로 얻게 되는 최대 효과라고 하였다.

1

탕임금[1]의 「반명」[2]에 "진실로 어느 날에 새로워진다면 이를 통해서 날마다 새로워질 것이며 더더욱 날로 새로워질 것이다"라고 새겨 있다.

湯之盤銘曰 "苟日新, 日日新, 又日新."

2

「강고」에 "새로운 백성을 만들라"라고 하였다.

康誥曰 "作新民."

3

『시경』에 "주나라는 비록 오래되었지만 부여받은 천명은 새롭다"라고 하였다.[3]

---

1. 탕임금은 하나라의 걸왕을 정벌하고 은나라를 세웠다. 그는 순임금 때 사도(司徒: 지금의 교육부 장관)를 지낸 설의 후손이며 성탕(成湯), 무탕(武湯), 천을(天乙)이라고도 불린다.

2. 큰 대야에 새겨진 글을 말한다. 옛날에는 그릇이나 일상생활에서 자주 접하는 물건 등에 자신을 경계하는 글귀를 새겨넣고서 대할 때마다 경각심을 일깨우고자 하였다.

3. 『시경』16권 「대아·문왕」에 나오는 시이다. 이 시에서는 주공이 문왕의 덕을 기리고, 주나라가 하늘의 명을 받아서 은나라를 정벌하게 된 이유를 밝혔다.

詩曰 "周雖舊邦, 其命維新."

4

그러므로 군자는 어느 곳에서나 지극한 선을 베풀지 않은 적이
없다.

是故君子無所不用其極.

전3장

"지극한 선에 머문다"[止於至善]에 관하여

이 장에서 인용된 시 다섯 편의 내용을 옥계 로씨는 다음과 같이 설명한다.
첫 번째로 인용된 시는 사물마다 마땅히 머물러야 할 곳이 있다는 것을 말하였고,
두 번째 시는 사람들은 마땅히 그들이 머물러야 할 곳을
'알아야' 한다는 것을 말하였다.
이것이 바로 '머물 곳을 안다'[知止]는 의미이다.
세 번째 시는 성인이 머무는 곳은 항상 지극한 선임을 말하였다.
이는 자신이 머물러야 할 곳을 터득하였음을 의미한다.
네 번째 시에서 명덕을 밝혀서 지극한 선에 머물도록 한다고 말한 것은
곧 지극한 선의 본체가 세워지는 방법이다.
다섯 번째 시에서 백성을 새롭게 하여 지극한 선에 머물도록 한다고 말한 것은
곧 지극한 선의 작용이 실행되는 방법이다.

1

『시경』에 "임금이 머무는 곳 사방 천리는 백성들이 머무는 곳이구나!"라고 하였다.[1]

詩云 "邦畿千里, 惟民所止."

2

『시경』에 있는 "지저귀는 꾀꼬리는 수풀이 우거진 산모퉁이에 머무는구나!"[2]라는 노래를 듣고는 공자가 다음과 같이 말하였다. "머물러야 될 시기에 머물러야 할 곳을 아는구나. 사람이면서 새만 못해서야 되겠는가!"

---

1. 『시경』 20권 「상송·현조」의 일부이다. 이 시에 내포된 의미는 국경 안에 백성이 머무는 곳은 사방 천리뿐이지만 그 영향력은 온 누리에 미친다는 것이다. 『대학』에서 이 시를 인용한 것은 '지어지선'(止於至善)을 설명하는 과정에서 머무는 곳을 설명하기 위해서이다. 따라서 주희는 사물에는 각기 머물러야 할 곳이 있음을 설명하기 위해 이 시를 인용하였다고 한다. 여기서 왕기(王畿)란 임금이 머무는 땅의 사방 천리를 말한다. 이는 천하의 가운데에 있어서 사방의 사람들이 모두 그곳으로 들어가 머물고 싶어한다고 한다. 이 시는 마치 일에 지극히 선한 이치가 있어서 사람들이 마땅히 이곳에서 머물러야 하는 것과 같다는 의미에서 인용되었다.
2. 『시경』 15권 「소아·도인사」 중 '면만'(綿蠻)의 일부이다. 이 시는 미천한 신하가 난세를 풍자한 것이다. 즉 대신이 어진 마음을 쓰지 않아 자기 자신이 잊혀가는 것을 풍자해서 쓴 시이다. 여기서는 현인이 초야에 묻혀 사는 것을 황조가 숲이 우거진 곳에 머물러 있는 것에 비유하였다.

詩云 "緡蠻黃鳥, 止于丘隅." 子曰 "於止, 知其所止, 可以人而不如鳥乎!"

3

『시경』에 "훌륭하시다, 문왕이시여! 아! 조금도 쉼이 없는 성실함과 무엇으로도 가려지지 않는 밝음을 드러내어 공경하게 자신이 머물 곳에 머무시는구나!"라고 하였다.[3]

즉 임금이 된 자는 어짊에 머물러야 하고, 신하된 자는 공경함에 머물러야 하며, 자식된 자는 효성스러움에 머물러야 하고, 아비된 자는 자애로움에 머물러야 한다. 백성들과 교류할 때는 믿음에 머물러야 한다.[4]

---

3. 『시경』 16권 「대아·문왕」의 일부이다. 이 시에서 '경지'(敬止)를 주희는 '공경하게 자신이 머물 곳에 머무시는구나'로 해석하였다. 그러나 시에서는 '지'를 시에 나오는 일반적인 용법에 따라 어조사로 보았다. 따라서 "경을 계속하여 밝히셨도다!"라고 해석하게 된다. 이러한 불일치를 주희는 『대학』의 저자가 자신의 뜻을 밝히면서 '지'(止)자를 중시했으므로 『대학』에서 이 시를 해석할 때는 저자의 의도에 따른 것이라고 밝힌다. 또한 주희는 시에서 집희(緝熙)를 각각 성(誠)과 명(明)에 대응하고 있다. 따라서 주희는, '집희'는 공부를 의미하고, '경지'는 그 공효라고 하였다.

4. 서산(西山) 진씨(眞氏)는 시에 인용된 '경'과 "신하된 자는 공경함에 이르셨고……"에서의 '경'을 구분하여 설명한다. 즉 시에서 말한 '경'은 전체를 들어서 말한 것으로 공경하지 않음이 없는 '경'이고, 신하가 행하는 '경'은 오로지 임금을 섬기는 일로 말한 것이니 공경함의 한 예라고 하였다. 따라서 문왕의 '경'은 인자함·공경함·효성스러움·자애로움·신망을 모두 포괄하게 된다.

詩云 "穆穆文王, 於緝熙敬止!" 爲人君, 止於仁, 爲人臣, 止 於敬, 爲人子, 止於孝, 爲人父, 止於慈, 與國人交, 止於信.

4

『시경』에 "저 기수의 굽이, 저토록 아름답고 푸른 대나무가 우 거져 있구나! 멋있는 군자의 모습이어라. 잘라놓은 듯 다듬어놓 은 듯 쪼아놓은 듯 갈아놓은 듯하도다. 치밀하고 굳세며, 빛나고 성대하니, 멋있는 군자를 끝내 잊을 수 없어라"라고 노래하였다.[5]

여기서 '잘라놓은 듯 다듬어놓은 듯하다'는 것은 배움을 말하 고 '쪼아놓은 듯 갈이놓은 듯하다'는 것은 스스로 닦는 것을 말한 다. '치밀하고 굳세다'는 것은 매사 두려움을 느끼며 삼가는 것을 뜻하며, '빛나고 성대하다'는 것은 위엄을 갖춘 태도를 말한다. '멋있는 군자를 끝내 잊을 수 없다'는 것은 성대한 덕과 지극한 선을 지녀 백성들이 그를 잊을 수 없음을 말한다.[6]

---

5. 『시경』 3권 「위풍·기욱」의 일부이다. 이는 위나라 사람들이 무공(武公)의 덕 을 찬미한 것이다. 푸른 대나무가 막 자라나면서 곧고 훌륭하게 커가는 모습 을 학문과 수행이 증진됨에 비유하여 노래한 것이다.

6. 주희는 잘라만 놓고 다듬지 않게 되면 지극한 선에 도달하지 못하고, 깎아만 놓고 갈아놓지 않아도 지극한 선에 도달하지 못한다고 설명하였다. 그리고 치밀하고 굳세어 성실함과 공경함이 마음속에 있게 되고, 빛나고 성대하여 위엄있는 태도가 밖으로 드러나는 데 도달하였다고 할지라도 지극한 선이 아니라면 백성에게 오래도록 잊힐 수 없는 경지에는 도달하지 못한다고 하 였다. 따라서 이를 통하여 배움과 자질을 닦음, 삼가는 태도, 위엄을 갖춘 태

詩云 "瞻彼淇澳, 菉竹猗猗. 有斐君子, 如切如磋, 如琢如磨. 瑟兮僩兮, 赫兮喧兮. 有斐君子, 終不可誼兮!" 如切如磋者, 道學也, 如琢如磨者, 自修也, 瑟兮僩兮者, 恂慄也, 赫兮喧兮者, 威儀也, 有斐君子, 終不可誼兮者, 道盛德至善, 民之不能忘也.

5

『시경』에 "아! 이전의 왕을 잊을 수 없도다!"라고 하였다.[7]

군자는 이전의 왕이 현자를 대우해주고 친족을 친애하신 일을 생각한다. 반면 소인은 이전의 왕이 통치하던 시절의 풍요로움을 즐거워하고, 자신의 삶에 이익을 준 일을 생각한다.[8] 이것이 이전의 왕이 영원토록 잊히지 않는 이유이다.

詩云 "於戲前王不忘!" 君子賢其賢而親其親, 小人樂其樂而利其利, 此以沒世不忘也.

도 등이 모두 지극한 선에 도달할 수 있을 정도여야 함을 강조하고 있다.

7. 『시경』 19권 「주송·열문」의 시이다. 이 시는 성왕이 정사를 친히 돌보자 제후들이 제사 도울 것을 읊은 것이다.

8. 이전의 왕이 베푼 은덕에 따라 후대의 군자들은 이전의 군자들이 행한 도덕적 교화를 명심하며 자신 역시 그를 본받고자 한다. 반면 소인들은 이전의 군자들이 베푼 교화의 결과로 얻어진 물질적 풍요를 즐기면서 이전의 군자가 행한 정치가 올바르다는 것을 알게 된다. 따라서 이전의 왕이 베푼 은덕은 후대에 군자나 소인 모두에게 깊게 인지되고 모든 사람이 그를 본받고자 노력하게 되어 오래도록 잊지 않을 것임을 말한다.

전4장

'근본과 말단'[本末]에 관하여

옥계 로씨는 공자가 말한 소송을 공정하게 처리한다는 것은
백성을 새롭게 하여 지극한 선에 머물도록 하는 것이 아니고,
백성을 새롭게 하여 지극한 선에 머물게 되면 소송이 없게 되는 것이라고 보았다.

1

공자[1]가 "소송을 처리한다는 측면에서는 나는 다른 사람과 다를 바가 없다. 그러나 내가 다른 사람과 다른 점은 반드시 소송이 일어나지 않도록 한다는 점이다"라고 하셨다. 실제적인 명분이 없는 사람이 구구하게 변명을 늘어놓지 못하는 것은 백성들의 마음에 큰 두려움을 갖게 하였기 때문이다. 이것이 근본을 안다는 의미이다.

子曰 "聽訟, 吾猶人也, 必也使無訟乎!" 無情者不得盡其辭. 大畏民志, 此謂知本.

---

1. 이름은 구(丘), 자는 중니(仲尼)로 춘추시대 말 노나라 창평향(昌平鄕) 추읍 (陬邑: 지금의 산둥성 곡부) 사람이다. 기원전 551년에 태어나 기원전 479년에 73세로 삶을 마감한다.

전5장

"사물을 탐구하여 앎을 지극히 한다"
[格物致知]에 관하여

정자는 이 장의 1절은 전4장의 마지막 항목에 있는 것과 겹치므로
덧붙인 것이라고 보았다. 그리고 2절 위에는 빠진 글이 있으며,
2절의 내용인 "이것이 앎의 지극함을 의미한다"는 구절은
빠진 글의 결론이라고 보았다. 따라서 주희는 정자의 뜻에 따라
빠진 글을 보충하여 넣었다. 그러므로 이 장을 보망장(補亡章)이라고 한다.

1

이것이 근본을 안다는 의미이다.

此謂知本.

2

이것이 앎의 지극함을 의미한다.

此謂知之至也.

보망장(補亡章)

근간에 정자의 뜻을 빌려 이 내용을 보충하였다. "'자신의 앎을 지극히 하는 것은 사물을 탐구하는 데 있다'고 하는 것은, 나의 앎을 지극히 하고자 한다면 사물에 나아가 그 이치를 탐구해야 함을 말한다. 대개 사람의 신령스러운 마음은 모든 것을 알 수 있고, 천하의 사물에는 모두 이치가 존재한다. 오로지 이치가 미처 탐구되지 않은 부분이 있기 때문에 그 앎이 다 드러나지 않는 것이다. 그러므로 『대학』에서 비로소 가르침을 베풀어서 배우는 사람들로 하여금 반드시 모든 천하의 사물과 맞부딪쳐 자신이 이미 알고 있는 이치를 통해서 더욱 그것을 탐구하여 이로써 지극한 곳에 도달할 것을 추구한다. 오래도록 온 힘을 쏟다가 하루아침에 확 트여서 모든 것의 이치를 관통하게 된다면 모든 사물의 겉과 속, 미세한 부분과 대략적인 부분 모두에 도달할 것이며, 내 마음의 온전한 모습과 커다란 작용이 드러나지 않음이 없을 것이다. 이것을 사물이 탐구되었다고 말하며 이것을 앎의 지극함이라고 말한다."[1]

間嘗竊取程子之意以補之曰 "所謂致知在格物者, 言欲致吾之知, 在卽物而窮其理也. 蓋人心之靈莫不有知, 而天下之物莫不有理, 惟於理有未窮, 故其知有不盡也. 是以大學始敎, 必使學者卽凡天下之物, 莫不因其已知之理而益窮之, 以求至乎其極. 至於用力之久, 而一旦豁然貫通焉, 則衆物之表裏精粗無不到, 而吾心之全體大用無不明矣. 此謂物格, 此謂知之至也."

---

1. 주희는 '격물치지'를 다음과 같이 부연 설명하고 있다. 『대학』에서 '궁리'(窮理)라고 말하지 않고 '격물'이라고 한 것은 사람들에게 실제적인 곳에서 탐구하도록 하기 위해서이다. 그리고 '격물'이란 한 사물에 나아가 한 사물의 이치를 파악하는 것을 의미하고, '치지'란 사물의 이치를 완전히 탐구한 뒤 나의 지식이 다 드러나지 않음이 없는 곳을 말한다.

전6장
"의지를 성실히 한다"[誠意]에 관하여

이 장은 주희가 평생토록 수정에 수정을 거듭하며 최후까지 매달린 부분이다.
그만큼 성의장(誠意章) 부분은 매우 중요하다.
주희에 따르면 『대학』에서는 사람들에게 스스로를 속이는 것을
경계하지만 그 근본을 미루어 본다면
반드시 격물치지에 힘을 쓰는 경지가 있은 다음에 이치가 밝아지고
마음이 한결같이 되어 발현되는 것이 자연히 진실해진다고 한다.
그렇지 않다면 올바른 생각이 싹트더라도 삿된 뜻이 따라서 일어나게 되니
노력으로 제어할 수 없는 지경에 이른다고 한다.
쌍봉 요씨는 이 장을 세 부분으로 나누어서 다음과 같이 말하였다.
처음은 홀로 있을 때에도 삼가고 의지를 성실하게 하는[謹獨誠意] 방법을 다룬 것이고,
가운데는 소인의 의지가 성실하지 못함을 경계한 것이며,
마지막은 성실함의 효험을 말하면서 따르도록 한 것이다.

1

자신의 의지를 성실하게 한다는 것은 자신을 속이지 않는다는 것이다. 악을 싫어하기를 마치 악취를 싫어하듯이 하고, 선을 좋아하기를 마치 미인을 좋아하듯이 하는 것, 이것이 스스로 만족하면서 흔쾌히 선을 행하고 악을 제거한다는 의미이다. 그러므로 군자는 반드시 홀로 있을 때에 신중하게 행동한다.[1]

所謂誠其意者, 毋自欺也, 如惡惡臭, 如好好色, 此之謂自謙, 故君子必愼其獨也!

---

1. 주희는 성의장에서 중심은 1절에 나오는 '스스로를 속이지 않음'〔毋自欺〕과 '스스로 만족하고 흔쾌히 선을 행하고 악을 제거함'〔自謙〕이라고 보았다. 여기서 '스스로를 속이지 않음'의 상태에서는 선을 행하고 악을 제거해야 한다는 사실을 이해하기는 하지만, 마음에서 발현된 것이 아직 충실하지 않다고 본다. 즉 선을 행하고 악을 행하지 말아야 한다는 것은 알고 있으므로, 선을 행하고 악을 행하지는 않지만, 마음 한쪽에 그러고 싶지 않은 마음이 여전히 남아 있는 상태이다. 이는 '하고자 하는 바'와 '해야 하는 바'의 두 마음이 있는 상태이다. 반면 '스스로 만족하고 흔쾌히 선을 행하고 악을 제거함'의 상태에서는 자신이 하고 싶은 일과 자신이 해야 할 일이 일치되어 있다. 즉 다른 사람의 시선을 의식하여 다른 사람을 위해 행동하는 것이 아니다. 이처럼 자신이 하고 싶은 일과 자신이 해야 할 일이 일치되었는지는 타인은 알지 못하지만 자신만은 안다. 따라서 이 지점을 움직임이 미약한 곳이며, 선악이 갈라져 나온 곳으로 본다. 주자학에서는 바로 이곳에서 행위의 선함을 이해하고 있다.

2

소인은 한가롭게 홀로 지낼 때는 선하지 않은 행동을 거침없이 행하다가 군자를 보면 그런 일이 없었다는 듯이 자신의 선하지 않은 행동을 가리고 선함을 드러낸다. 그러나 사람들은 그 속을 훤히 들여다보고 있으니, 무슨 도움이 되겠는가! 이것을 진실로 마음속에 있는 것은 밖으로 드러난다고 하는 것이다. 그러므로 군자는 반드시 (다른 사람이 보지 않는 곳에) 홀로 있을 때에도 신중하게 행동한다.[2]

小人閒居爲不善, 無所不至, 見君子而后厭然, 揜其不善, 而著其善. 人之視己, 如見其肺肝然, 則何益矣. 此謂誠於中, 形於外, 故君子必愼其獨也.

3

증자는 "사방에 눈이 있어 자신을 지켜보며 사방에 손이 있어 자신을 가리키고 있으니 이 얼마나 두려운 일인가!"라고 하였다.[3]

---

2. 신안 진씨는 1절에서의 '독'(獨)은 자기만이 안다는 의미에서의 '독'이고, 이곳에서의 '독'은 자신이 홀로 거처하는 곳을 의미한다고 구분한다. 즉 2절에서는 소인이 다른 사람을 속이는 것으로 소인이 분명히 거짓을 행하는 것에 대해서 말하고 있다.

3. 이는 2절의 뜻을 분명히 한 것으로, 『중용』에서 "은밀한 곳보다 눈에 잘 띄는 곳이 없고, 미미한 일보다 분명하게 드러나는 일은 없다"[莫見乎隱 莫顯乎微]

曾子曰 "十目所視, 十手所指, 其嚴乎!"

4

부귀함은 자신의 집을 호화롭게 꾸밀 수 있고, 덕은 자신의 몸을 윤택하게 할 수 있으니, 마음이 넓고 몸이 살찌게 된다. 그러므로 군자는 반드시 자신의 의지를 성실히 해야 한다.[4]

富潤屋, 德潤身, 心廣體胖, 故君子必誠其意.

라고 한 것과 같은 맥락이다. 항상 다른 사람이 자신을 보고 있다고 생각하며 항상 조심하고 삼가야 함을 말한다.

4. 마음에 부끄러움이 없으면 마음이 넓고 너그러워지며 몸이 편안해진다. 이것은 의지를 성실히 한 결과이다. 즉 마음은 본래 광활한 것인데 부끄러움 때문에 협소해지고 가려진다. 그러므로 몸이 편안해질 수 없다.

전7장

"마음을 올바로 하고 몸을 닦는다"
[正心修身]에 관하여

의지가 성실하면 진실로 악함이 없고 선함이 있다.
그러므로 이 마음을 보존하여 자신을 정립할 수 있다.
그러나 혹 의지를 성실히 함만 알 뿐 흔들리는 마음을 다잡을 수 없다면
자신을 닦을 수 없게 된다.
따라서 성의장 뒤에 정심수신장(正心修身章)을 두었다.

1

"몸을 닦음은 자신의 마음을 올바로 하는 데 있다"라고 하는 것은 자신의 마음에 분노가 있으면 마음의 올바름을 얻을 수 없고, 두려움이 있어도 마음의 올바름을 얻을 수 없으며, 좋아하고 즐거워함이 있어도 마음의 올바름을 얻을 수 없고, 우환이 있어도 마음의 올바름을 얻을 수 없음이다.[1]

所謂修身在正其心者, 身有所忿懷, 則不得其正, 有所恐懼, 則不得其正, 有所好樂, 則不得其正, 有所憂患, 則不得其正.

2

마음이 있지 않으면 보아도 보이지 않고 들어도 들리지 않으며 먹어도 그 맛을 알지 못한다.[2]

---

1. 이 네 가지 감정은 모든 사람에게 일어날 수 있는 마음의 작용이다. 그러나 이 중 하나라도 생겨나게 되면 욕구가 일어나고 감정이 자신을 덮어 마음이 작용할 때 올바름을 잃어버려 이치를 파악할 수 없게 된다. 즉 이런 감정은 없애야 하는 것이고 이런 감정으로 마음이 동요되어서는 안 된다. 따라서 주희는 성의(誠意)에서 '의'는 선악이 갈라지는 곳이고, 정심(正心)에서 '심'은 치우치고 올바름의 차이가 일어나는 곳이라고 한다. 마음이 올바르지 않으면 사욕에 동요되어 한쪽으로 치우치게 된다. 그러나 이것이 반드시 악하게 되는 것은 아니라고 말한다.

2. 이는 한 사람의 몸을 주재하는 것은 마음이라고 한 것이다. 따라서 마음을 보존하지 않으면 자신을 정립하지 못하게 되므로 이를 관찰하여 경(敬)한 상태에서 마음이 곧게 된 후에야 마음이 보존된다고 본다.

心不在焉, 視而不見, 聽而不聞, 食而不知其味.

3

이것이 "몸을 닦는 것은 자신의 마음을 올바로 하는 데 있다"
고 하는 의미이다.

此謂修身在正其心.

전8장

"몸을 닦고 집안을 가지런히 한다"
[修身齊家]에 관하여

전7장은 마음이 사물에 접했을 때 나타나는 감정 때문에
마음이 한쪽으로 치우치는 잘못을 경계한 것이라면,
이번 장은 자신을 둘러싸고 있는 관계의 망, 즉 부자관계나 군신관계 등에서
올바로 처신하기 어려운 부분을 지적하고 있다.
전7장과 전8장은 모두 성찰공부의 내용을 구성하고 있는 부분이다.

1

"자신의 집안을 가지런히 하기 위해서는 자신의 몸을 닦아야 한다"라고 하는 의미는 다음과 같다. 사람들은 자신이 친근히 여겨 좋아하는 대상에 치우치고, 멸시하며 싫어하는 대상에 치우치며, 두려워하며 공경하는 대상에 치우치고, 가여워 불쌍히 여기는 대상에 치우치며, 오만하여 소홀히 여기는 대상에 치우친다. 그러므로 좋아하는 대상에게서 그 단점을 발견하고, 싫어하는 대상에게서 그 장점을 파악할 수 있는 사람은 천하에 드물다.[1]

所謂齊其家在修其身者, 人之其所親愛而辟焉, 之其所賤惡而辟焉, 之其所畏敬而辟焉, 之其所哀矜而辟焉, 之其所敖惰而辟焉. 故好而知其惡, 惡而知其美者, 天下鮮矣!

---

1. 이 절에서 제시하고 있는 다섯 가지 사태는 모두 인간이라면 저지르기 쉬운 잘못이라고 할 수 있다. 즉 자신이 친근히 여겨 좋아하는 대상에 치우치는 가장 대표적인 예는 부모가 자식의 장단점을 파악하지 못하는 경우이다. 그리고 두려워하여 공경하는 대상의 대표적인 예는 군신관계이다. 즉 신하로서 임금을 존경해야 하기는 하지만 경우에 따라서는 과감하게 잘못된 점을 간언해야 한다. 이러한 상황에서 올바로 직언을 올려야 하는 것이 신하된 도리이다. 그러나 지나치게 두려워하며 공경한 나머지 간언하지 못하는 경우가 있다. 가여워 불쌍히 여기는 것에 치우치는 예로는 마땅히 벌을 주어야 하는데도 가엽게 생각하여 벌을 주지 않아 결국 잘못을 고칠 수 없게 만드는 경우를 들 수 있다. 이러한 여러 잘못은 관계 속에서 나타난다. 이는 관계 속에서 마음이 공정함을 잃을 때 나타나게 되는 폐단이므로 더욱 경계해야 한다고 한다.

2

그러므로 속담에 "사람들은 자기 자식의 나쁜 점을 알지 못하고, 자기 밭에서 자라는 곡식의 싹이 큰 줄 모른다"라고 하였다.[2]

故諺有之曰 "人莫知其子之惡, 莫知其苗之碩."

3

이것은 "몸이 닦이지 않으면 자신의 집안을 가지런히 할 수 없다"라는 것을 말한다.

此謂身不修不可以齊其家.

---

2. 이 속담에서 지적하는 부분은 자식에 대한 사랑에 빠져서 자식의 잘못을 고치지 못하게 만드는 경우와 재물을 얻는 데 눈이 멀어서 만족할 줄 모르는 폐단을 지적한 것이다. 이 역시 앞절에서와 마찬가지로 한쪽에 치우쳐서 집안을 제대로 다스릴 수 없게 되는 폐단을 지적한 것이다.

전9장

"집안을 가지런히 하고 나라를 다스린다"
[齊家治國]에 관하여

주희는 나라를 다스리는 것을 사람들에게 악을 금하고 선을 권하는 것으로 보았다.
따라서 자신이 선한 이후에 다른 사람에게 선을 추구하도록 요구할 수 있고
자신에게 악이 없는 연후에 다른 사람들의 악을 비난할 수 있게 된다고 한다.
그러므로 이번 장에서는 나라를 다스리기 위한 전제로
집안을 가지런히 해야 하는 측면에 중점을 두고 설명하게 되었다고 하였다.
이것은 바로 자신에게 있는 것을 미루어 나아가 확장하는 서(恕)의 덕목을
중시하는 것이다. 따라서 이번 장에서는 자기를 다스리는 마음으로
다른 사람을 다스린다는 의미에서 서(恕)를 제기하고 있다.
그리고 전10장에서는 자기를 사랑하는 마음으로
다른 사람을 사랑한다는 의미의 서(恕)를 제기하고 있다고 본다.
이 장에서는 이러한 덕목의 구현을 마지막에 시를 세 편 인용하여
찬탄하고 있다. 여기서 시를 인용하여 끝맺음을 한 것은 시가 말은
한정되어 있으나 뜻은 무궁무진하므로 이럴 때 대부분 시를 통해서 함축적으로
그 의미를 드러내기 때문이다.

1

"나라를 다스리려면 반드시 먼저 자신의 집안을 가지런히 해야 한다"라는 것은 다음과 같은 의미이다. 즉 자신의 집안사람들을 가르칠 수 없으면서 다른 사람을 가르칠 수 있는 사람은 없다. 그러므로 군자는 집안을 나가지 않고도 나라에 교화가 이루어지게 할 수 있다. 효는 임금을 섬기는 방법이고 공손함은 연장자를 섬기는 방법이며 자애로움은 대중을 부리는 방법이다.[1]

所謂治國必先齊其家者, 其家不可教而能教人者, 無之. 故君子不出家而成教於國. 孝者, 所以事君也, 弟者, 所以事長也, 慈者, 所以使衆也.

2

「강고」에서 "어린아이를 보살피듯이"라고 하였다. 마음으로 진실되게 구한다면 비록 적중하지는 않더라도 크게 벗어나지는 않을 것이다. 자식 기르는 법을 배운 뒤에 시집가는 사람은 없다![2]

---

1. 여기서는 자식이 부모에게 행하는 효(孝)와 연장자를 섬기는 공손함(弟), 그리고 부모가 자식에게 베푸는 인자함(慈) 이 세 덕목이 자신을 닦아서 집안을 교화하는 방법이라고 하였다. 즉 위에서 집안이 가지런해지면 아래에서 그것을 보고 저절로 교화가 이루어진다는 의미이다.
2. 여기서는 교화를 베푸는 근본을 말한 것으로 억지로 시키는 것이 아니라 그 실마리를 알게 되면 그것을 확장해나갈 뿐이라는 것이다.

康誥曰"如保赤子." 心誠求之, 雖不中不遠矣. 未有學養子
而后嫁者也!

3

한 집안이 인자하게 되면 한 나라에 인자함이 베풀어지고, 한
집안에서 서로 겸양하면 한 나라에 서로 겸양하는 분위기가 형성
된다. 마찬가지로 한 사람이 탐욕을 부리면 한 나라에 반란이 일
어난다. 그 연쇄적인 반응이 이와 같다. 이것을 일러 "한마디 말
이 일을 그르치고, 한 사람이 나라를 안정시킨다"라고 말한다.[3]

一家仁, 一國興仁, 一家讓, 一國興讓, 一人貪戾, 一國作亂,
其機如此. 此謂一言僨事, 一人定國.

4

요임금과 순임금[4]이 인자함으로 천하를 이끌자 백성들은 그들

---

3. 여기서는 교화가 나라에 베풀어진 효과를 말하고 있다. 특히 인자함과 서로
    양보하는 풍속이 형성되는 근본은 집안의 교화가 이루어졌는지에서 찾고,
    탐욕함으로 나라가 어수선해지는 근원은 한 사람에게서 찾고 있다. 이는 좋
    은 풍속을 형성하기는 그만큼 어렵지만 잘못되기는 순식간이라는 것을 나타
    내고 있다.

4. 하(夏)나라 때의 성군(聖君)으로 다섯 제왕(五帝)에 속한다. 통치 당시 태평성
    대를 이룬 임금들이다. 그 한 예로 요임금은 백성들이 간하고 싶은 말이 있으
    면 이를 할 수 있도록 조정에 북을 걸어두었다. 순임금 또한 나무를 세워 경

의 인자함을 그대로 따랐고, 걸임금과 주임금이 난폭함으로 천하를 이끌자 백성들은 그들의 난폭함을 그대로 따랐다. 임금이 백성들에게는 인자해야 한다고 명령하면서 임금 자신은 난폭함을 좋아한다면 이는 임금이 백성들에게 명령한 것과 임금 자신이 좋아하는 것이 상반된 것이다. 따라서 백성들은 임금이 자신들에게 인자하라고 한 명령을 따르지 않는다. 그러므로 군자는 자신에게 (선함이) 있은 후에야 다른 사람에게 (선함을) 요구할 수 있고, 자신에게 (악함이) 없은 후에야 다른 사람의 (악함을) 비난할 수 있다. 자신에게 간직된 것을 미루어 나아가지 않고서 다른 사람들을 깨우쳐줄 수 있는 사람은 없다.[5]

堯舜帥天下以仁, 而民從之, 桀紂帥天下以暴, 而民從之, 其所令反其所好, 而民不從. 是故君子有諸己而後求諸人, 無諸己而後非諸人. 所藏乎身不恕, 而能喩諸人者, 未之有也.

5

그러므로 나라를 다스림은 집안을 가지런히 하는 데 있다.

계하는 말을 쓰게 하였다(堯鼓舜木). 이 두 임금은 왕위를 선양한 것으로도 잘 알려져 있다.

5.   이 글에서는 백성이 인자한가 난폭한가를 통해 윗사람의 통치를 평가할 수 있다는 것을 나타내고 있다.

故治國在齊其家.

6

『시경』에 "복숭아꽃이 아름답게 피었구나! 그 잎이 무성하도다. 그 아가씨가 시집가는구나! 그 집안사람들을 화목하게 할 것이다"라고 하였다.[6] 그 집안사람들을 화목하게 한 뒤에 백성들을 교화할 수 있다.[7]

詩云 "桃之夭夭, 其葉蓁蓁, 之子于歸, 宜其家人." 宜其家人, 而后可以教國人.

7

『시경』에 "형과 화목하고, 동생과 화목하구나!"[8]라고 하니, 형제간이 화목한 뒤에 백성들을 교화할 수 있다.[9]

---

6. 『시경』 1권 「주남·도요」의 일부분으로 후비의 덕을 읊은 시이다. 후비가 질투하지 않으면 남녀가 바로 되고 혼인을 제때 하여 나라에 홀아비로 있는 백성이 없게 된다는 내용이다.
7. 이 시는 앞의 1절에서 "집안사람을 교화할 수 없으면서 다른 사람을 교화할 수 있는 사람은 없다"에 대응한다.
8. 『시경』 9권 「소아·요소」의 시이다. 이 시는 은택이 사해에 미침을 읊었다.
9. 이 시는 나라에서 명덕을 밝혀 나라를 다스리는 일을 다루었다.

詩云 "宜兄宜弟." 宜兄宜弟, 而后可以教國人.

8

『시경』에 "자신의 태도에 잘못된 것이 없으니 사방의 나라들을
바로잡았다"라고 하였다.[10] 자신의 아버지, 자식, 형제에게 본받
을 만하다고 여겨진 이후에야 백성들이 그를 본받게 된다.[11]

詩云 "其儀不忒, 正是四國." 其爲父子兄弟足法, 而后民法之也.

9

이것이 "나라를 다스림은 그 집안을 가지런히 하는 데 있다"고
하는 의미이다.

此謂之治國在齊其家.

---

10. 『시경』 7권 「조풍·시구」의 시이다. 이 시는 마음이 한결같지 않음을 풍자한
　　 것으로 지위 있는 자들이 군자가 없어 마음 씀이 한결같지 않음을 경계한
　　 것이다.
11. 7절에서 인용된 시가 나라를 다스리는 일이라고 한다면 이 시는 나라가 다스
　　 려진 상태를 의미한다.

전10장

"나라를 다스리고 천하를 태평하게 한다"
[治國平天下]에 관하여

주희는 이 장을 다음과 같이 설명한다.
"이 장은 경전을 반복해서 인용하였다. 뜻이 동일하지 않은 듯하나
그 실마리는 '의리를 좋아하느냐, 싫어하느냐'라는 두 가지에 있고,
그 요체는 자신의 마음을 미루어 헤아려보는 도[絜矩之道]에서 벗어나지 않는다."
그리하여 이 장을 혈구장이라고도 한다.

1

"천하를 태평하게 함은 자신의 나라를 다스리는 데 있다"라고
하는 것은 다음과 같은 의미이다. 즉 지도층에서 노인을 공경하
면 백성들은 효성스러운 마음을 일으키고, 지도층에서 연장자를
높이면 백성들은 공손함을 일으키며, 지도층에서 보살펴줄 사람
이 없는 외로운 사람을 불쌍하게 여기면 백성들은 배반하지 않는
다. 그러므로 군자에게는 '자신의 마음으로 미루어서 헤아려보는
도'가 있다.[1]

所謂平天下在治其國者, 上老老而民興孝, 上長長而民興弟,
上恤孤而民不倍, 是以君子有絜矩之道也.

2

자신이 아랫사람의 위치에 있을 때 윗사람에게서 본 싫어하는
모습으로 아랫사람을 부리지 말며, 자신이 윗사람의 위치에 있을
때 아랫사람에게서 본 싫어하는 모습으로 윗사람을 섬기지 말라.

---

1. 이 절 역시 전9장의 1절과 마찬가지로 효성·공경·자애로움을 확대해나가는
   측면을 말하였다. 주희는 모든 사람의 마음은 같을 수밖에 없으므로 자신의
   마음을 확충하여 다른 사람의 마음을 헤아려볼 수 있다고 한다. 그러므로 군
   자는 반드시 동일한 마음을 미루어 다른 사람을 헤아려보아 서로 자신의 신
   분에 맞는 것을 얻게 되면 윗사람이나 아랫사람이나 모두 올바로 되어 천하
   가 태평해진다고 본다.

그리고 자신이 뒷사람의 위치에 있을 때 앞사람에게서 본 싫어하는 모습으로 뒷사람에게 먼저 하도록 시키지 말며, 자신이 앞사람의 위치에 있을 때 뒷사람에게서 본 싫어하는 모습으로 앞사람을 따르지 말라. 또 자신이 왼쪽에 있을 때 오른쪽에서 본 싫어하는 모습으로 왼쪽과 사귀지 말며, 자신이 오른쪽에 있을 때 왼쪽에서 본 싫어하는 모습으로 오른쪽과 사귀지 말라. 이것이 '자신의 마음으로 미루어서 헤아려보는 도'의 의미이다.

　所惡於上, 毋以使下, 所惡於下, 毋以事上, 所惡於前, 毋以先後, 所惡於後, 毋以從前, 所惡於右, 毋以交於左, 所惡於左, 毋以交於右, 此之謂絜矩之道也.

3

　『시경』에 "즐거워하시는구나, 군자여! 백성의 부모님이시다"라고 하였다.[2] 백성이 좋아하는 것을 좋아하고, 백성이 싫어하는 것을 싫어하니 이것을 백성의 부모라고 말한다.[3]

---

2. 『시경』 9권 「소아·남산유대」의 시이다. 현자를 얻음을 즐거워한 시로 현자를 얻으면 국가를 잘 다스려 태평의 길을 세울 수 있음을 말한다.

3. 이 시는 '혈구'의 효험을 말하였다. 즉 자신의 마음을 미루어서 헤아려보아 백성의 마음을 자신의 마음과 같이 여긴다면 자식같이 백성을 사랑하게 되고 백성 역시 부모와 같이 임금을 사랑하게 된다는 의미이다. 즉 백성을 사랑하는 방법은 좋아하고 싫어하는 마음을 헤아려보아서 그에 따르는 데 지나

詩云 "樂只君子, 民之父母." 民之所好好之, 民之所惡惡之, 此之謂民之父母.

4

『시경』에 "깎아지른 듯 높이 솟은 남산이여! 바위는 겹겹이 험하기도 해라! 명성을 세상에 떨친 태사 윤씨여! 백성들이 모두 그대를 지켜본다"라고 하였다.[4] 나라를 다스리는 사람은 신중하지 않을 수 없으니 한쪽으로 치우치면 천하의 큰 치욕을 받게 될 것이다.[5]

詩云 "節彼南山, 維石巖巖, 赫赫師尹, 民具爾瞻." 有國者不可以不愼, 辟則爲天下僇矣.

___

지 않는다. 백성이 좋아하는 것은 배부르고 따뜻하며 안락하게 살아가는 것이고, 싫어하는 것은 배고프고 춥고 고달픈 것이다. 따라서 정치란 자신이 진정으로 원하고 싫어하는 것에 비추어보아 백성들의 바람을 생각해서 펴는 것이라고 한다.

4. 『시경』 11권 「소아·절남산」의 일부이다. 이 시는 가보[家父]가 지은 것으로 당시의 왕이 윤씨를 등용하여 혼란이 일어나게 된 것을 풍자하였다.

5. 이 절에서 나라를 다스리는 사람은 일거수일투족을 신중히 고려하고 행동해야 한다고 말한다. 즉 위에 있는 사람은 사람들이 모두 우러러보고 있으므로 신중히 행동해야 한다는 의미이다. 따라서 자신의 마음을 헤아려 미루어보지 않고 좋아하고 싫어함이 자신의 사적인 욕구에만 따른다면 자신은 물론이고 국가까지 망하게 됨을 경계하고 있다.

5

『시경』에 "은나라가 백성들의 마음을 잃기 전에는 상제에 짝할 수 있었다. 마땅히 은나라를 거울로 삼아라! 한번 부여받은 천명은 보존하기가 쉽지 않다"라고 하였다.[6] 백성들의 마음을 얻게 되면 나라를 얻을 것이요, 백성들의 마음을 잃게 되면 나라를 잃게 될 것임을 노래한 시이다.[7]

詩云 "殷之未喪師, 克配上帝, 儀監于殷, 峻命不易." 道得衆則得國, 失衆則失國.

6

그러므로 군자는 먼저 자신의 덕에 신중을 기해야 한다. 덕이 있으면 그를 따르는 사람이 있게 되고, 그를 따르는 사람이 있으면 영토가 있게 된다. 영토가 있으면 재물이 있게 되고, 재물이 있으면 쓰임이 있게 된다.

---

6. 『시경』 16권 「대아·문왕」의 일부이다. 이 시는 항상 스스로 성찰하여 천리에 합하게 한다면 성대한 복이 나에게서 이루어져 밖에서 구하지 않아도 얻어질 것이라는 뜻으로 쓰였다.

7. 이 절은 3절과 4절의 결론에 해당하는 것으로 이러한 마음을 간직하고 잃지 않으면 밝은 덕의 본모습이 세워지고, 자신의 마음을 헤아리고 미루어보아서 백성들의 마음을 얻게 되면 밝은 덕의 작용이 행하여진다는 것을 말하였다.

是故君子先愼乎德. 有德此有人, 有人此有土, 有土此有財,
有財此有用.

7

덕은 근본이고 재물은 말단이다.

德者本也, 財者末也.

8

근본을 도외시하고 말단을 일차적인 것으로 여겨 추구한나면
백성과 이익을 다투게 되니 이익을 쟁탈하는 가르침을 베푸는 결
과를 초래하게 될 것이다.[8]

外本內末, 爭民施奪.

9

그러므로 재물이 모이면 백성들은 흩어지고, 재물이 흩어지면

---

8. 재물이란 사람들이 모두 갖고 싶어하는 것이다. 그런데 사려깊게 생각하지
   못하고 자기 혼자만 갖고자 한다면 백성 또한 일어나서 다투게 된다. 이 절에
   서는 백성은 본디 다투려 하지 않지만 오직 윗사람이 덕을 도외시하고 독점
   하게 되면 백성은 그것을 본받아서 서로 뺏고 빼앗기게 된다고 한다. 뺏고 빼
   앗기는 다툼을 윗사람이 그렇게 가르친 결과로 본 것이다.

백성들은 모인다.

是故財聚則民散, 財散則民聚.

10

그러므로 말이 잘못 나가면 잘못 들어오듯이, 재물도 잘못 들어오면 잘못 나간다.

是故言悖而出者, 亦悖而入, 貨悖而入者, 亦悖而出.

11

「강고」에 "천명은 불변한 것이 아니다"라고 하였다. 즉 선하면 천명을 얻게 될 것이고 선하지 않으면 천명을 잃게 될 것임을 말한다.[9]

康誥曰 "惟命不于常!" 道善則得之, 不善則失之矣.

---

9. 이 절은 6절에서 10절까지의 결론으로 5절의 문왕시와 상응한다. 여기서 말하는 선이란 자신의 마음을 미루어 헤아려보는 혈구의 도를 실현하는 것이다. 따라서 혈구의 도를 실현할 수 있으면 사람들의 마음을 얻게 되어 천명을 얻게 되고, 혈구의 도를 실현할 수 없으면 사람들의 마음을 잃게 되어 천명을 잃게 된다.

12

『초서』에 "초나라에는 국보로 삼을 만한 물건이 없고 오직 선한 사람을 국보로 삼는다"라고 하였다.[10]

楚書曰 "楚國無以爲寶, 惟善以爲寶."

13

구범은 "망명한 사람은 달리 보배로 삼을 것이 없습니다. 오직 부모님을 사랑하는 것을 보배로 삼으십시오"라고 하였다.[11]

---

10. 초나라 소왕(昭王) 때의 글이다. 이것은 선한 사람을 보배로 여긴다는 말로 당시 관역보[觀射父]와 좌사(左史) 의상(倚相)을 지칭한다. 초나라 대부인 왕손어(王孫圉)가 진(晉)나라를 방문했을 때 진나라 정공(定公)이 그에게 연회를 베풀어주자 조간자(趙簡子)가 명옥을 울리면서 예를 갖춘 후 왕손어에게 초나라에도 이러한 옥이 있느냐고 질문한 데 대하여 왕손어는 초나라의 보물은 물건이 아니고 말주변이 뛰어나 외교술을 잘 발휘하는 관역보와 선대의 전장제도를 잘 알아서 선왕의 업적을 잊지 않도록 하는 좌사 의상이라고 답하였다. 왕손어가 한 말을 여기서 인용한 것이다.

11. 구범은 진나라 문공의 외숙인 범언이다. 여기서 망인은 문공이다. 중이(이후 진문공이 된다)가 당시 새어머니인 여희의 참소를 피해서 책나라로 망명 중이었을 때 아버지인 헌공이 돌아가셨다. 진(晉)나라 헌공(獻公)이 죽은 후 내란이 일어나자 당시 세력이 컸던 진(秦)나라 목공(穆公)이 망명하고 있던 두 아들 중이와 이오 중에 왕위 계승자를 선택하기 위해 공자 칩을 보내어 본국으로 돌아갈 것을 청하면서 두 사람의 의중을 떠보게 된다. 이 절은 중이가 현신인 범언에게 자문을 구하자 범언이 답한 내용이다. 그러나 『좌전』에는 조쇠(趙衰)의 말로 되어 있다. 그는 아버지가 돌아가셨는데 나라를 얻는 데 급급하여 부모의 상을 소홀히 해서는 안 된다고 충고하였다. 그러나 이오는 욕

舅犯曰 "亡人無以爲寶, 仁親以爲寶."

14

『진서』[12]에 다음과 같은 말이 있다. "진실하기만 하고 특별한 재
주는 없는 어떤 신하가 그 마음이 아름다워 재주 있는 많은 사람
을 받아들이니 재주 있는 사람을 보면 마치 자신이 그 재주를 가
지고 있는 것같이 여기며, 훌륭하고 명철한 사람을 보면 마음으
로부터 그들을 좋아하여 단지 입으로만 말하는 것이 아니라 진실
로 그들을 받아들인다. 이렇다면 우리 자손과 백성을 보존할 수
있으니, 또한 이로움이 있을 것이로다! 그러나 재주있는 사람을
질투하여 그를 미워하고, 훌륭하고 명철한 사람의 의견을 거슬러
서 관철하지 못하게 한다면, 이는 다른 사람을 받아들일 수 없는

심이 많아서 자신이 임금이 되면 진나라에 땅을 내어주겠다는 약속을 하고
도와줄 것을 청한다. 이 양자의 태도를 통해서 진목공은 중이가 현명한 사람
임을 알지만 이러한 사람이 임금이 되면 부강해질 것이라는 우려 때문에 결
국 이오를 임금으로 세운다. 그러나 이후 중이는 많은 시련을 겪다가 결국 문
공으로 등극하여 진나라의 패업을 이룩하게 된다.

12. 이 글은 진(秦)나라 목공(穆公)이 자신의 과오를 뉘우치면서 자신과 같은 잘
못을 저지르지 않도록 여러 신하에게 고한 것을 기록한 것이다. 즉 기자(杞
子)가 자신이 정나라의 북문을 지키고 있으니 몰래 군대를 몰고 와서 정나라
를 치라고 권유하자 목공은 현신인 건숙(蹇叔)에게 자문을 구한다. 건숙은 반
대를 하지만 목공은 일을 강행한다. 그리하여 그는 진(晉)나라 양공(襄公)에
게 효(殽) 땅에서 패배를 당하고 세 장수는 인질로 붙잡힌다. 후에 목공이 건
숙의 말을 듣지 않은 것을 후회하면서 이 글을 지었다고 한다.

사람이다. 이러한 신하를 둔다면 우리 자손과 백성을 보존할 수 없을 것이니 또한 '위태롭도다'라고 말한다."

秦誓曰 "若有一个臣, 斷斷兮無他技, 其心休休焉, 其如有容焉. 人之有技, 若己有之, 人之彦聖, 其心好之, 不啻若自其口出, 寔能容之, 以能保我子孫黎民, 尙亦有利哉. 人之有技, 媢疾以惡之, 人之彦聖, 而違之俾不通, 寔不能容, 以不能保我子孫黎民, 亦曰殆哉."

15

오직 인자한 사람만이 그러한 사람들을 내쫓아 유배 보내어 사방의 오랑캐 지역으로 축출해서 문명세계(中國)에 함께 거주하지 않게 한다. 이것이 "오직 인자한 사람만이 다른 사람을 사랑할 수 있고, 다른 사람을 미워할 수 있다"라고 한 의미이다.

唯仁人放流之, 迸諸四夷, 不與同中國. 此謂唯仁人爲能愛人, 能惡人.

16

현명한 사람을 보고 등용할 수 없고 등용은 했더라도 신속하게 할 수 없었다면 이것은 게을렀기 때문이다.[13] 어질지 못한 사람을

---

13. 원문의 '명(命)'자를 '만(慢)'으로 고쳐야 한다는 정현(鄭玄)의 해석과 '태(怠)'

보고도 내쫓을 수 없고 내쫓더라도 멀리할 수 없다면 이것은 잘
못이다.[14]

見賢而不能擧, 擧而不能先, 命也, 見不善而不能退, 退而不
能遠, 過也.

17

사람들이 싫어하는 것을 좋아하고, 사람들이 좋아하는 것을 싫
어한다면, 이는 사람의 본성을 거스르는 것이다. 그러므로 재앙
이 반드시 자신의 몸에 미칠 것이다.

好人之所惡, 惡人之所好, 是謂拂人之性, 菑必逮夫身.

자로 고쳐야 한다는 정자(程子)의 해석에 대하여 주희는 '명'과 '만'의 음이
같으므로 아마도 '명'은 '만'이 맞는 것 같다고 결론내린다. 따라서 여기서는
게으름이라고 해석하였다. 그러나 정약용은 경의 글자를 함부로 고쳐서는
안 된다고 하면서 '명'을 그대로 해석하였다. 그는 "어진 사람을 보고서 그를
천거하지 않는 것은 오히려 '명'이라고 할 수 있으나, 선하지 않은 사람을 보
고서 물리치지 못하는 것은 어떠한 말로도 꾸밀 수 없다"라고 하여 전자보다
후자의 처신을 더욱 경계한 글이라고 해석하였다.

14. 이 절에서 제시된 사람은 무엇을 좋아하고, 무엇을 싫어해야 하는지의 도를
  알고 있으나 아직 이를 모두 다 드러낼 수 없으므로 군자의 자질은 있으나 아
  직 인자한 사람은 아니라고 주희는 말한다.

18

그러므로 군자가 되기 위해서는 변함없는 철칙이 있다. 반드시 충실함과 믿음을 지니고 있으면 군자의 지위를 얻고, 교만 방자하면 군자의 지위를 잃게 된다.

是故君子有大道, 必忠信以得之, 驕泰以失之.

19

재물을 버는 데도 변함없는 철칙이 있다. 생산자는 많고 소비자는 적으며, 생산은 빠르게 하고 소비는 천천히 한다면, 재물이 항상 풍족하게 될 것이다.[15]

生財有大道, 生之者衆, 食之者寡, 爲之者疾, 用之者舒, 則財恒足矣.

---

15. 여대림(呂大臨)은 다음과 같이 설명하였다. "나라에 노는 백성이 없다면 생산자는 많게 된다. 그리고 조정에 요행으로 지위를 얻는 사람이 없다면 소비자는 적게 될 것이다. 농민이 농사지을 때를 빼앗지 않는다면 생산은 빠르게 되고 수입을 헤아려 지출하게 되면 소비는 천천히 하게 된다." 결국 나라가 부유해지기 위해서는 나라가 직접 돈벌이에 나서야 하는 것이 아니라 오히려 정책을 합리적으로 해야 한다는 것을 의미한다.

20

인자한 사람은 재물을 잘 써서 자신을 드러내고 인자하지 못한 사람은 자신을 다하여 재물을 모은다.

仁者以財發身, 不仁者以身發財.

21

윗사람이 인자함을 좋아하는데 아랫사람이 의로움을 좋아하지 않는 경우는 없다. 의로움을 좋아하는데 그 일이 잘 매듭지어지지 않는 경우가 없고, 창고에 있는 재물이 새나가지 않아 그 재물이 자신의 재물이 아닌 경우가 없게 된다.[16]

未有上好仁而下不好義者也, 未有好義其事不終者也, 未有府庫財非其財者也.

22

맹헌자[17]가 말하였다. "네 마리 말을 치는 사람(초시에 대부가 된

---

16. 윗사람이 백성의 재물을 함부로 취하지 않고 인자함을 좋아하면 아랫사람은 모두 의로움을 좋아하게 된다. 이렇게 되면 일이 잘 완수된다. 천하의 사람이 모두 윗사람의 일을 완수할 수 있으면 창고에 있는 재물이 헛되이 나가지 않게 된다.

17. 맹헌자는 중손멸(仲孫蔑)을 말한다. 그는 춘추시대 노나라의 대부로 현명하

사람)은 닭과 돼지를 생각하지 않고, 상을 치르거나 제사를 지낼 때 얼음을 사용할 수 있는 사람(경대부 이상의 사람)은 소와 양을 기르지 않는다. 마차 백 대를 가지고 있는 집안(경대부 집안)에서는 백성을 착취하는 신하를 키우지 않는다. 백성을 착취하는 신하가 있는 것보다는 차라리 도둑질하는 신하가 있는 것이 더 낫다." 이는 "국가는 이익만을 추구함으로써 이익을 창출하지 않고 의로움을 추구함으로써 이익을 창출해야 한다"라는 것을 의미한다.

孟獻子曰 "畜馬乘不察於鷄豚, 伐氷之家不畜牛羊, 百乘之家不畜聚斂之臣, 與其有聚斂之臣, 寧有盜臣." 此謂國不以利爲利, 以義爲利也.

23

국가를 이끌어가면서 경제에 힘쓰는 것은 반드시 소인에게서 나온다. 소인에게 국가를 다스리게 한다면 재앙과 해악이 함께 이를 것이다. 어진 사람이 있다고 할지라도 어찌할 수 없을 것이다. 이것이 "국가는 이익만을 추구함으로써 이익을 창출하지 않고 의로움을 추구함으로써 이익을 창출해야 한다"라는 의미이다.[18]

다는 칭송을 받았다.

18. 자신의 마음을 미루어서 헤아려보는 혈구의 도는 결국 이 절에서 제시하고

長國家而務財用者, 必自小人矣. (彼爲善之), 小人之使爲國
家, 菑害 竝至. 雖有善者, 亦無如之何矣! 此謂國不以利爲利,
以義爲利也.

있듯이 군자를 등용하고 소인을 내치는 데서 완성된다. 따라서 유학에서는
군자와 소인을 나누는 기준이 매우 엄격하고 의리와 이기적인 욕심을 변별
하는 것을 중요하게 생각한다.

『중용』

中庸章句序

中庸何爲（去聲）而作也子思子憂道學之失其傳而作也

○朱子曰……又學於曾子而得其所傳者子思……○雲峯胡氏曰遠而唐虞三代之隆斯道之……至孔子時則始有可憂乎異端之說……其說猶未敢盡作也……不得其傳所以傳也

蓋自上古聖神繼天立極（道統二字爲此序綱領後面皆經緯照應）而道統之傳有自來矣

其見（反形句）於經則允執厥中者堯之所以授舜也人心惟危道心惟微惟精惟一允執厥中者舜之所以授禹也堯之一言至矣盡矣而舜復

내각본, 영조

제1장

공자가 전해준 요체를 자사[1]가 기술하였다

주희는 이 장에서 담고 있는 내용을 세 부분으로 나누어서 설명하고,
이에 근거하여 공부해나갈 것을 당부한다. 대체적인 내용은 다음과 같다.
"첫째, 밝은 도의 본원은 하늘에서 나왔으니 바꿀 수 없으며,
그 본체는 자신에게 갖추어져 있어서 떨어질 수 없음을 밝혔다.
둘째, 본래의 선한 마음을 간직하여 본성을 기르고 성찰하는〔存養省察〕 공부의
요체를 말하였다. 셋째, 신묘한 성인의 역할과 교화의 지극함을 말하였다.
배우고자 하는 사람은 여기에서 자신을 되돌아보아 스스로 터득하여
밖에서 들어오는 사사로운 유혹을 제거하여
본연의 선함을 자신의 몸과 마음에 가득 채워야 한다."

---

1. 자사는 공자의 손자이다. 공자가 아들 리(鯉)를 낳았는데 자는 백어(伯魚)이
   다. 그는 나이 오십에 아버지인 공자보다 먼저 죽었다. 백어가 급(伋)을 낳았
   는데 자는 자사(子思)이다. 자사는 62세에 송 땅에서 곤경에 빠진 적이 있는
   데, 그 이후 『중용』을 지었다는 기록이 전해 내려오고 있다.

1

하늘이 만물에게 부여해준 것을 '본성'이라고 하고, 자신이 부여
받은 본성에 따르는 것을 '도'라고 하며, 도를 닦는 것을 '가르침'
이라고 한다.[2]

天命之謂性, 率性之謂道, 脩道之謂教.

2

도라고 하는 것은 잠시라도 떨어질 수 없다. 떨어질 수 있다면
도가 아니다. 그러므로 군자는 다른 사람뿐만 아니라 자신이 볼
수 없는 곳에서도 삼가고 다른 사람뿐만 아니라 자신이 들을 수
없는 곳에서도 조심한다.[3]

---

2. 명(命)·성(性)·도(道)·교(教)를 서로 연결하여 체계적으로 설명한 것은 『중
   용』이 처음이라고 할 수 있다. 순임금은 도와 교는 말했으나 명과 성은 말하
   지 않았다. 탕임금에 이르러서야 군신 간에 하늘의 밝은 명령을 말하였고 또
   한 상제가 백성들에게 중을 내렸다고 하였으니, 명·성·도·교의 뜻을 포함하
   였다고 볼 수 있다. 그렇지만 아직 명확한 구분은 없었다. 공자도 『주역』을
   설명하면서 명·성·도·교를 말하였으나 역시 개념적인 연관이 드러나 있지
   않은 상태였다.
3. 이 구절에 대해 주희와 정약용은 군자가 항상 조심하고 삼가야 하는 이유를
   상반되게 설명한다. 주희는 다음과 같이 말한다. "도란 평소에 마땅히 실천해
   야 하는 이치다. 이는 모두 하늘로부터 부여받은 본성의 덕으로 마음에 갖추
   어져 있다. 모든 사람이 부여받아 항상 가지고 있으므로 잠시도 떨어질 수 없
   다. 떨어질 수 있다면 외부에 별도로 독립하여 존재하는 그 무엇이지 도가 아

道也者, 不可須臾離也, 可離非道也. 是故君子 戒愼乎其所
不睹, 恐懼乎其所不聞.

3

은밀한 곳보다 눈에 잘 띄는 곳이 없고, 미미한 일보다 분명하게
드러나는 일은 없다. 그러므로 군자는 홀로 있을 때에 신중하게
행동한다.[4]

니다. 도가 아닌데 어떻게 성을 따른다고 말할 수 있겠는가. 그러므로 군자는
항상 깨어 있는 마음을 가지고 비록 보이고 들리지 않는다 하더라도 감히 소
홀히 하지 않는다. 이는 하늘의 이치를 본래 그런 상태로 보존하는 방법이니,
한순간이라도 떨어지게 해서는 안 된다." 반면 정약용은 다음과 같이 설명한
다. "군자가 어두운 방에 있으면서도 두려워서 나쁜 짓을 못하는 것은 상제가
지켜보고 있다고 생각하기 때문이다. 그러므로 명(命)·성(性)·도(道)·교(敎)
를 주희처럼 모두 리(理)로 돌려 해석해버린다면, 리란 본래 지각도 위엄도 없
으므로 두려워하지 않게 된다." 이처럼 정약용은 상제를 강조함으로써 사람
들로 하여금 선을 행하도록 강제하는 존재를 설정하고 있다.

4. 주희는 "도라고 하는 것은 잠시라도 떨어질 수 없다"라고 한 2절은 도가 지
극히 광대함을 표현한 것이고, 3절은 도가 지극히 정밀함을 표현한 것이라고
하였다. 도는 떨어질 수 없으므로 잘 보존하고 길러야 한다. 그러므로 3절에
서 경계하고 두려워하는 것으로 사람들을 가르쳐 잘 보존하고 기르도록 하
였다. 그러나 앞서도 언급했듯이 주희와 정약용은 2절을 서로 다르게 해석하
였으므로 이 구절에 대한 해석에도 차이가 난다. 정약용은 은밀함과 미미함
을 상천의 일로 보아서 이 구절의 전체적인 의미를 상제가 굽어 내려보심을
의미한 것으로 본다. 따라서 군자는 홀로 있을 때 항상 삼가야 한다고 강조하
였다.

莫見乎隱, 莫顯乎微, 故君子愼其獨也.

4

기쁨, 화남, 슬픔, 즐거움의 감정이 아직 일어나지 않은 상태를 중(中)이라고 한다. 이러한 감정이 일어나 모두 절도에 맞는 상태에 이른 것을 화(和)라고 한다. 중이란 천하 모든 것의 가장 큰 근본이며, 화란 천하 모든 것에 두루 통하는 도이다.[5]

喜怒哀樂之未發, 謂之中, 發而皆中節, 謂之和. 中也者, 天下之大本也, 和也者, 天下之達道也.

5

중화를 끝까지 미루어나가게 되면 천지가 제자리에 서고 만물이 자라나게 될 것이다.[6]

---

5. 주희는 다음과 같이 설명하였다. "천하 모든 것의 가장 큰 근본이란 하늘이 만물에 부여한 본성이다. 천하의 이치는 모두 여기에서 나오니 이는 도의 본래 모습[體]이다. 모든 것에 두루 통하는 도는 본성을 따르는 것으로 시공을 망라해 모두 이것을 통하여 운행되니 이는 도의 작용이다."

6. 이 구절 중 "천지가 제자리에 서고 만물이 자라나게 되는 것"과 "기쁨, 화남, 슬픔, 즐거움의 감정"은 서로 관련이 없다고 말한 제자에게 주희는 다음과 같이 말하였다. "임금이 착한 사람을 좋아하여 상을 주면 모든 사람이 착한 일에 힘쓰게 되고, 나쁜 일을 한 사람에게 화를 내며 징벌하면 모든 사람이 두려워하는 등등의 일은 감정 조절이 천지만물과 상호 연관되어 있다는 한

致中和, 天地位焉, 萬物育焉.

증거이다. 따라서 중화(中和)를 끝까지 이루어나가게 되면 화내야 할 때 화내
고 기뻐해야 할 때 기뻐할 수 있게 된다."

제2장

군자와 소인의 중용에 관하여

쌍봉 요씨는 "제1장에서는 성인이 도를 전하고
가르침을 세운 본원에 대하여 논하였고,
이 장에서는 군자가 성정(性情)을 함양하는 요체를 강령으로 삼고 있으니
이 장을 별도의 독립된 장으로 삼아야 한다"라고 말한다.

1

중니는 말한다. "군자는 중용을 따르고, 소인은 중용을 거스른다.

仲尼曰 "君子中庸, 小人反中庸.

2

군자의 중용이란 군자의 덕을 갖추고 있으면서 적절한 때에 그에 맞게 행동하는 것이고, 소인이 중용을 거스른다는 것은 소인의 마음을 가지고 아무런 거리낌 없이 행동한다는 것이다."[1]

君子之中庸也, 君子而時中, 小人之中庸也, 小人而無忌憚也."

---

1. 주희는 "선을 행하는 것은 군자의 덕이고 악을 행하는 것은 소인의 마음이지만 군자이면서도 중을 얻지 못하는 경우가 있고 소인이면서 거리낌 없이 행동하지 않는 경우도 있다"라고 하였다. 그렇기 때문에 이 구절을 해석할 때 "군자의 덕을 갖추고 있으면서 적절한 때에 그에 맞게 행동한다"라고 하였고, 또한 "소인의 마음을 가지고 있으면서 아무런 거리낌 없이 행동한다"라고 해석하였다.

제3장

중용의 덕을 찬탄함

제2장에서는 소인은 중용에 반하여 행동한다고 하였고
이 장에서는 일반 백성들 역시 중용을 행하는 데 능숙하지 못함을 말하였다.
쌍봉 요씨는 이 장이 제4장에서 중용이 행하여지지 않는 이유를
다루는 중간 역할을 한다고 말한다.

1

공자는 말한다.

"중용은 지극하구나! 백성 중에 이를 행할 수 있는 사람이 드물게 된 지 오래되었도다."[1]

子曰 "中庸其至矣乎! 民鮮能 久矣!"

---

1. 주희는 중용이 행해지지 못한 이유에 대해서 다음과 같이 설명한다. "지나치면 중을 잃고 미치지 못하면 이르지 못한다. 그러므로 오직 중용의 덕만이 지극한 것이 된다. 그러나 또한 중용의 덕은 모든 사람이 동일하게 얻은 것이어서 결코 어려운 일이 아니다. 단지 세상의 가르침이 쇠퇴하여 백성들이 중용을 행할 수 없게 되자 행할 수 있는 사람이 드물게 된 지 오래되었을 뿐이다."

제4장

중용이 행해지지 못하는 이유

앞 장에서 이미 소인은 말할 것도 없고
일반 사람들 역시 중용의 도를 행하기 어렵다고 하였다.
그러나 '도는 잠시도 우리 곁을 떠날 수 없다'고
제1장에서 이미 전제하였으므로 이번 장에서는 도가 항상 우리 곁에 있는 데도
중용의 도를 행할 수 있는 사람이 적은 것은
사람들이 스스로 잘 살피지 않아 앎에서나 행함에서 지나치거나 부족하게 되는
폐단이 나타나게 된 것이라고 말하고 있다.

1

공자는 말한다.

"도가 행하여지지 않음을 나는 알겠다. 지혜로운 사람은 지나치고 어리석은 사람은 미치지 못하기 때문이다. 도를 밝게 알지 못함을 나는 알겠다. 현명한 사람은 지나치고 못난 사람은 미치지 못하기 때문이다.[1]

子曰 "道之不行也, 我知之矣, 知者過之, 愚者不及也, 道之不明也, 我知之矣, 賢者過之, 不肖者不及也.

2

먹고 마시지 않는 사람은 없으나, 맛을 제대로 아는 경우는 드물다."[2]

---

1. 주희는 이 구절에서 네 유형의 사람을 제시하고 있다. "지혜로운 사람은 앎이 지나쳐 도를 더는 행할 것이 없다고 여기고, 어리석은 사람은 앎에 미치지 못하므로 행해야 할 근원을 알지 못한다. 이 때문에 도가 항상 행해지지 않는다. 또한 현명한 사람은 행함이 지나쳐 더는 도를 알 것이 없다고 여기고 못난 사람은 행함에 미치지 못하므로 또한 알아야 하는 근원을 추구하지 않는다. 이것이 도가 항상 밝게 드러나지 않는 이유이다." 이와 같은 주희의 설명에 따른다면 앎의 측면에서는 지혜로운 사람과 어리석은 사람으로 구분하고, 행함의 측면에서는 현명한 사람과 못난 사람으로 구분한다.

2. 이 구절의 의미를 주희는 다음과 같이 설명하였다. "도는 우리와 떨어져 있을 수 없는데 사람들이 스스로 살피지 못하므로 지나치거나 미치지 못하는 폐단이 있게 된다." 결국 우리가 매일 먹고 마시는 공기나 물처럼 도는 우리

人莫不飮食也, 鮮能知味也."

와 항상 가까이 있는데, 매일 대하는 공기나 물의 맛을 알지 못하는 것처럼
우리의 생활 속에 스며 있는 도를 잘 관찰하지 못한다는 것이다.

제5장

도가 밝게 드러나지 못하기 때문에 행해지지 않는다

삼산 진씨는 이 장에서는 한 구절을 한 장으로 삼고 있으니
자사는 공자의 말을 취해서 앞 장을 이어서
다음 장을 연결해주고자 하였다고 한다.
앞 장에서 이미 소인은 말할 것도 없고
일반 사람들 역시 중용의 도를 행할 수 없는 사람들이 많다고 하였다.
그러나 '도는 잠시도 우리 곁을 떠날 수 없다'고
제1장에서 이미 전제하였으므로 이번 장에서는
도가 항상 우리 곁에 있는 데도 중용의 도를 행할 수 있는 사람이 적은 것은
바로 사람들이 스스로 잘 살피지 않기 때문에
앎에서나 행함에서 지나치거나 부족하게 되는 폐단이
나타나게 된 것이라고 말하고 있다.

1

공자는 "도가 정녕 행하여지지 않는구나!"라고 하였다.

子曰 "道其不行矣夫!"

제6장

순임금의 지혜

지혜로움·인자함·용맹함은 배우는 사람들이 덕에 들어가는 길이다.
다음 장에서 다루는 안회의 인자함과 자로의 용맹함은
모두 배우는 사람들의 일이다. 그러나 순임금은 성인이므로
안회나 자로의 덕을 말하는 것과는 차이가 난다.
즉 순임금의 덕을 다룰 때는 순임금이 성인이므로 그 앎이 지극하여 행동으로
그대로 실현된 측면을 드러내었고, 안회와 자로의 덕을 다룰 때는 계속 중용을
택해서 지켜나가는 공부를 해야 한다는 점을 강조하고 있다.

1

공자는 말한다. "순임금[1]은 큰 지혜를 지녔구나! 순임금은 다른 사람들에게 묻기를 좋아하고, 다른 사람들이 하는 아주 일상적인 말도 그냥 넘기지 않고 잘 생각해본다. 그는 다른 사람들의 나쁜 점은 묻어주고 좋은 점은 드러내주었다. 그리고 양극단을 파악하여 그 가운데를 백성들을 다스리는 데 사용했다. 이러한 것이 순임금다운 점이다."[2]

子曰 "舜其大知也與! 舜好問而好察邇言, 隱惡而揚善, 執其兩端, 用其中於民, 其斯以爲舜乎!"

---

1. 순임금은 임금이 되기 전 역산(歷山)에서 농사를 짓고 하빈(河濱)에서 도자기를 굽는 등 일반 백성들과 함께 생활하였다고 한다. 그가 일반 백성들과 함께 생활하면서 그들을 교화할 수 있었던 것은 그들이 잘한 부분을 칭찬해줄 뿐만 아니라 자신도 그것을 따라서 함으로써 상대방으로 하여금 계속 좋은 일을 하려는 마음을 지닐 수 있도록 한 점에 있었다. 따라서 그가 농사를 지을 때는 사람들이 서로 많은 땅을 차지하려고 싸우지 않고 오히려 양보하였고, 도자기를 구울 때도 도자기에 흠이 없고 모양이 거칠지 않을 수 있었다고 한다. 이러한 점 때문에 공자는 순임금이 매우 지혜롭다고 감탄한 것이다.
2. 이 절에서 제기하고 있는 순임금의 지혜는 순임금 개인의 탁월성을 강조한 것이 아니라, 다른 사람들의 지혜를 받아들여 그들이 모두 자신의 지혜를 사용할 수 있게끔 하는 여건을 마련했다는 측면에 있다.

제7장

일반 사람들의 지혜

운봉 호씨는 이 장을 앞뒤 장과 관련지어 설명한다.
그에 따르면 제6장에서는 성인인 순임금에 대해 말하였고,
제8장에서는 현인인 안회에 대해 말하였으며,
이 장에서는 일반 사람들에 대해 말하였다.
제6장에서는 중용을 택함으로써 지혜로울 수 있었던 순임금을 다루고 있고
제8장에서는 중용을 지킴으로써 인자할 수 있었던 안회를 다루고 있다.
이 장은 6장의 지혜로움과 8장의 인자함을 연결하고 있다.

1

공자는 말한다. "사람들은 모두 '나는 안다'라고 말한다. 그러나 그들을 몰아서 그물이나 덫, 함정에 빠지게 할 경우, 이를 피할 줄 모른다. 사람들은 모두 '나는 안다'라고 말한다. 그러나 중용을 선택하고는 한 달 동안도 제대로 그 상태를 지켜내지 못한다."

子曰 "人皆曰予知, 驅而納諸罟擭陷阱之中, 而莫之知辟也. 人皆曰 予知, 擇乎中庸而不能期月守也."

안회가 중용을 지켜나감에 대하여

신안 진씨는 "이 장의 주된 내용은 인자함을 행하는 일인데
그중에서 중용을 택하는 것은 앎의 의미이며
정성껏 받들어 마음속에 지니고 있는 것은 용맹을 잃지 않는 의미이다"라고 하였다.

1

공자는 말한다. "안회[1]의 사람됨이여! 중용을 택하여 하나의 선을 얻게 되면 마음속에 잘 간직하여 잃지 않았다."

子曰 "回之爲人也, 擇乎中庸, 得一善, 則拳拳服膺而弗失之矣."

---

1. 공자는 제자들 중에서 안회를 가장 높이 평가하였다. 따라서 집정자들이 제자들 중에서 가장 배우기를 좋아하는 사람이 누구냐고 물으면 공자는 단연코 안회를 꼽았다. 또한 다른 곳에 화풀이하지 않고 잘못을 되풀이하는 일이 없는 사람으로도 공자는 안회를 기억하고 있다. 이처럼 아끼던 안회가 일찍 죽자 공자는 엄청나게 비통해한다.

제9장

중용은 지켜 나아가기 어렵다

주희는 여기서 말한 나라를 다스리는 일이나,
벼슬과 관록을 사양하는 일, 서슬 퍼런 칼 위를 걷는 일,
이 세 가지 일은 각각 지혜로움·인자함·용맹함의 일이지만
중용에 합치하지 않는다고 보았다.
만약 이러한 일이 중용에 합치한다면
지혜로움·인자함·용맹함을 다 드러낼 수 있다고 하였다.

1

공자는 말한다.

"천하 국가를 잘 다스릴 수도 있고, 벼슬을 사양할 수도 있으며, 서슬 퍼런 칼날 위를 걸을 수는 있어도 중용은 행할 수 없다."[1]

子曰 "天下國家可均也, 爵祿可辭也, 白刃可蹈也, 中庸不可能也."

---

1. 주희는 다음과 같이 설명하였다. "공자의 말에서 인용한 이 세 가지 일은 각기 지혜로움·인자함·용맹함에 해당된다. 이러한 일은 천하에서 매우 하기 힘든 일에 해당한다. 그러나 모두 한쪽에 치우쳐 있다. 그러므로 이러한 자질을 타고난 사람이 힘써 행하게 된다면 쉽게 이룰 수 있다. 그러나 중용은 비록 쉽게 할 수 있는 듯하나 의리에 정밀하고 인(仁)에 무르익어 조금의 사욕도 없어야 가능하다. 이처럼 세 가지 일은 어려워 보이나 쉽고, 중용은 쉬워 보이나 어렵다. 이 때문에 백성 중에 중용을 행할 수 있는 사람이 드물다."

제10장

용맹함에 관하여

이 장은 공자가 자로에게 진정한 용맹함을 설명해준 것이다.
자로가 스승인 공자에게 강인함에 대하여 질문하였을 때
공자는 진정한 용맹함이란 혈기의 강함을 억제하고
덕과 의로움에 찬 용맹함이라고 하였다.

1

자로[1]가 강인함에 대하여 질문하였다.

子路問强.

2

공자는 말한다. "남방에서 말하는 강인함인가? 북방에서 말하는 강인함인가? 아니면 그대가 생각하는 강인함인가?

子曰 "南方之强與? 北方之强與? 抑而强與?

3

관용을 가르쳐 잘못된 행위를 하여도 보복하지 않는 것은 남방에서 말하는 강인함이다. 군자는 이러한 입장을 취한다.

寬柔以敎, 不報無道, 南方之强也, 君子居之.

---

1. 자로는 선을 행하는 데 용감하고 과감하였다. 따라서 공자는 인자함과 지혜로움, 믿음, 곧음, 용맹함, 강함, 이 여섯 가지 덕은 모두 훌륭하지만 한쪽으로 치우치게 되면 폐단을 낳는다는 점을 상세하게 말해주었다. 그러나 결국 자로는 용맹함 때문에 제명에 죽지 못하고 전쟁터에서 죽게 된다.

4

갑옷을 입고 무장하여 전쟁터에 나아가 죽음도 불사하는 것은 북방에서 말하는 강인함이다. 억세고 거친 사람들이 이러한 태도를 취한다.

袵金革, 死而不厭, 北方之强也, 而强者居之.

5

그러므로 군자는 여러 부류의 사람과 잘 어울리기는 하지만 사악한 방향으로 빠지지 않으니, 이 얼마나 강인한가, 꿋꿋한 기상이여! 가운데에 똑바로 서서 한쪽으로 기울지 않으니 이 얼마나 강인한가, 꿋꿋한 기상이여! 나라가 잘 다스려질 경우에도 자신이 어려운 상황에 처해 있을 때 지녔던 마음가짐을 바꾸지 않으니, 이 얼마나 강인한가, 꿋꿋한 기상이여! 나라가 어지러운 지경에 있어도 죽어도 지조가 변하지 않으니, 이 얼마나 강인한가, 꿋꿋한 기상이여!"

故君子和而不流, 强哉矯! 中立而不倚, 强哉矯! 國有道, 不變塞焉, 强哉矯! 國無道, 至死不變, 强哉矯!"

제11장
도에 들어가는 문 : 지혜로움·인자함·용맹함

주희는 이 장에서 삼달덕(三達德)인 지혜로움, 인자함, 용맹함이
도에 들어가는 문이라고 설명한다.
이 장 앞에서는 순임금의 지혜로움과 안연의 인자함, 자로의 용맹함을 밝혔다.
이 세 가지 덕목 중 어느 하나라도 없으면 도를 이루고 덕을 이룰 수 없다고 하였다.
채씨는 이 장에서 다시 지혜로움·인자함·용맹함을 변별하여 총결한다고 하였다.
즉 1절에서는 숨겨져 있는 이치를 추구하는 데 몰두하는 지혜와
괴이한 행동을 하는 행위는 군자의 지혜로움이나 군자의 인이 아니라고 하였고,
2절에서는 중간에 그만두는 것을 군자의 용맹함이 아니라고 하였다.
군자의 지혜로움·인자함·용맹함은 3절에서 말한 것처럼
오로지 중용에 따라 하는 행동을 말한다.

1

공자는 말한다. "숨겨져 있는 이치를 추구하는 데 몰두하고 더 나아가 괴이한 행동을 하여 후세에 그의 이름이 기억된다고 하더라도, 나는 그러한 행동을 하지 않겠다.[1]

子曰 "素隱行怪, 後世有述焉, 吾弗爲之矣.

2

어떤 군자[2]는 도를 따라서 행동하다가 중도에 그만두기도 하는

---

1. 주희는 이 단락을 해석할 때 '소은행괴'(素隱行怪)에서 '소'(素)를 '색'(索)의 오자라고 봄으로써 앎의 과오와 행위의 과오로 나누어 설명한다. 이에 근거하여 '소은'(素隱)을 "숨겨져 있는 이치를 추구한다"로 해석하여 이것은 앎의 과오 때문에 선을 택하지 못하는 것이라고 풀이하였다. 주희는 그 예로 전국시대의 추연을 들고 있다. 추연은 오덕종시설(五德終始說)을 주장하여 음양의 원리로 역사의 순환을 주장한 사람이다. 그리고 후한시대에 참위와 관련된 책들 역시 이에 해당한다고 보았다. 반면 '행괴'는 "괴이한 행동을 하는 것"으로 해석하여, 이것은 행위의 과오 때문에 '중'을 사용하지 못하는 것이라고 설명하였다. 그러나 정약용은 '소은'을 글자 그대로 아무런 까닭없이 숨어지내는 것으로 해석한다. 정약용은 군자라면 타당한 이유가 있을 때 은둔하는 것이 중화에 맞는 행위라고 설명하면서 아무런 까닭 없이 숨어지내는 것은 잘못되었다는 점을 지적하고 있다. 이처럼 양자가 소은을 해석하는 방식은 차이가 있으나, 이 단락을 중에 맞지 않는 행위를 하지 않겠다는 의미로 본 점에서는 다르지 않다.

2. 2절과 3절에서 말하는 군자는 도덕군자라는 의미가 아니라 일반적인 지식인들을 지칭하는 용어라고 할 수 있다. 따라서 '어떤'이라는 말을 덧붙여서 '어떤 군자'라고 번역하였다.

데 나는 그렇게 그만둘 수 없다.

君子遵道而行, 半途而廢, 吾弗能已矣.

3

어떤 군자는 중용에 의거하여 세상을 피해 살면서 아무도 이를
알아주지 않는다고 하여도 후회하지 않는다. 오직 성인만이 그렇
게 할 수 있다."

君子依乎中庸, 遯世不見知而不悔, 唯聖者能之."

제12장

"도는 잠시도 떨어질 수 없다"에 관하여

주희는 말한다.
이 장은 도의 광대함과 은미함, 크고 작음을 논하여
이하 일곱 장의 강령으로 삼았다.

1

군자의 도는 광대하면서도 드러나지 않는다.

君子之道費而隱.

2

(군자의 도는 그 작용이 광대하기 때문에) 어리숙한 일반 백성들도 함께 알 수 있지만, 그 지극한 경지는 성인일지라도 알지 못하는 부분이 있다. 또 못난 일반 백성조차 (군자의 도를) 행할 수 있으나, 그 지극한 경지는 성인일지라도 할 수 없는 부분이 있다. 천지의 작용이 그토록 광대하지만, 사람들은 오히려 유감으로 생각하는 부분이 있다. 그러므로 군자가 말하는 도의 광대함은 천하로도 다 실을 수 없고, 그 미세함은 천하로도 깨뜨릴 수 없다.

夫婦之愚, 可以與知焉, 及其至也, 雖聖人亦有所不知焉, 夫婦之不肖, 可以能行焉, 及其至也, 雖聖人亦有所不能焉. 天地之大也, 人猶有所憾. 故君子語大, 天下莫能載焉, 語小, 天下莫能破焉.

3

『시경』에 "소리개는 하늘로 날아오르고 물고기는 못에서 뛰어

오르네"라고 하였다.[1] 이것은 그 도가 위아래 모두에서 밝게 드러남을 말한다.

詩云 "鳶飛戾天, 魚躍于淵." 言其上下察也.

4

군자의 도는 일반 백성들에게서 비롯하지만, 그 지극함에 이르러서는 천지에 드러난다.[2]

君子之道, 造端乎夫婦, 及其至也, 察乎天地.

---

1. 『시경』16권 「대아·한록」의 시이다. 이는 선조의 공업을 받았음을 읊은 시이다. 주나라의 선조가 대대로 후직(后稷)과 공유(公劉)의 업을 닦아 태왕(太王)과 왕계(王季)가 만복과 지위를 누렸음을 읊은 시이다.

2. 이 장에서 '부부'(夫婦)를 어떻게 해석할 것인가는 이견이 있다. 주희는 부부를 평범한 일반 백성으로 보지 않고 실제 부부로 이해한다. 따라서 부부란 인륜의 가장 친밀한 사이이므로 부부간의 친밀한 관계로 이루어진 가정에서부터 온 우주를 포괄하는 천지까지 모두 군자의 도가 행해지고 있음을 말하고 있다고 이 단락을 해석한다. 그러나 여기에서는 부부를 평범한 일반 백성으로 풀이하였다. 왜냐하면 2절에서 언급된 '부부지우'(夫婦之愚)와 '부부지불초'(夫婦之不肖)를 인륜의 가장 가까운 사이인 부부라고 칭한다면 의미가 잘 통하지 않기 때문이다.

제13장

"도는 그 작용은 방대하지만 그렇게 되는 원인은 매우 심오하다"에 관하여

주희는 "1절에서 '도는 사람에게서 멀리 떨어져 있지 않다'는 말은
일반 사람들도 도를 행할 수 있다는 의미이고,
4절에서 '공자 자신도 어느 하나 제대로 할 수 없다'고 한 말은
성인도 도를 실현할 수 없는 부분이 있다는 것을 말한다"라고 설명한다.
이는 모두 도의 광대함을 표현한 것으로
그 근원에는 지극한 은미함이 있음을 말하고 있다.
쌍봉 요씨는 "앞 장에서는 광대함과 은미함으로 도의 체용을 밝혔고,
이 장에서는 '충서(忠恕)는 도에서 멀리 떨어져 있지 않다'고 하였으니
이것은 배우는 사람들이 도에 들어가는 문이다"라고 하였다.
또 주희는 이 장에서 1절이 강령이 되고
이하 3절은 1절을 해석한 것일 따름이라고 보았다.
이 장에서 가장 중요한 곳은 바로
'도가 사람에게서 멀리 떨어져 있지 않다'고 한 부분이다.

1

공자는 말한다. "도는 사람에게서 멀리 떨어져 있지 않은데, 사람들이 도를 행하면서 사람에게서 멀어지니, 이렇다면 도라고 할 수 없다."[1]

子曰 "道不遠人. 人之爲道而遠人, 不可以爲道."

2

『시경』에 "도끼자루로 쓸 나무를 베는구나! 도끼자루로 쓸 나무를 베는구나! 도끼자루의 모형은 멀리 있지 않다"라고 하였다.[2] 도끼자루를 쥐고서 도끼자루로 쓸 나무를 베면서 힐끔 쳐다보고는 오히려 멀리 있다고 생각한다. 그러므로 군자는 사람의 도를 가지고서 사람들을 다스리다가 그들이 잘못된 점을 고치면 그만둔다.[3]

---

1. 도라는 것은 1장에서 말했듯이 자신이 부여받은 본성을 그대로 따르는 것일 따름이므로 모든 사람이 알 수 있고 행할 수 있다. 더구나 그 도는 사람에게서 떨어져 있지 않다. 그러나 도를 행하는 사람이 비근한 것을 싫어하여 행하기에 부족하다고 여기고, 도리어 고원하고 행하기 어려운 일에 힘쓰므로 도는 도일 수 없게 된다.
2. 『시경』 8권 「빈풍·벌가」의 일부로 주공을 찬미한 시이다. 주나라 대부가 조정의 신하들이 주공의 성덕을 알지 못함을 풍자하였다.
3. 이 절에서 "도끼자루를 쥐고서 도끼자루로 쓸 나무를 벤다"라는 구절은 인간이 따라야 하는 법은 자신 이외에 별도로 존재하는 것이 아니고, 그 수중에

詩云"伐柯伐柯, 其則不遠." 執柯以伐柯, 睨而視之, 猶以爲遠. 故君子以人治人, 改而止.

3

자기 자신의 마음을 다 하는 태도[忠]와 자기 자신을 미루어서 다른 사람을 대하는 태도[恕]는 도에서 멀리 떨어져 있지 않다. 자신에게 베풀어지기를 바라지 않는 것을 또한 다른 사람들에게 베풀지 말라.[4]

忠恕違道不遠, 施諸己而不願, 亦勿施於人.

4

군자의 도 네 가지 중에 나는 아직 하나도 제대로 하지 못한다. 자식에게 바라는 것으로써 부모를 섬기지도 못하고, 신하에게 바라는 것으로써 임금을 섬기지도 못하며, 동생에게 바라는 것으

있다고 한 의미를 밝힌 것이다. 이는 인간이 행해야 할 법도 역시 자신이 부여받은 본성에 그대로 있으므로 외부에서 구하려고 해서는 안 된다는 의미를 드러내고자 하였다.

4. 자신의 마음으로 다른 사람의 마음을 헤아려본다면 같지 않은 것이 없으니 도가 사람에게서 떨어져 있지 않다는 것을 알 수 있다. 그러므로 자기가 하고 싶지 않은 것을 다른 사람에게 베풀지 말라는 것 역시 사람들에게 멀리 떨어져 있지 않은 것을 도의 일로 여긴 것이다.

로써 형을 섬기지도 못하고, 친구에게 바라는 것을 먼저 베풀어
주지도 못한다. 평소에 행해야 할 덕을 실천하고, 평소에 해야 할
말을 근실히 하여 (실천하는 데) 부족한 부분이 있으면 감히 힘쓰
지 않음이 없고, (할 말이) 많이 있어도 거리낌 없이 할 말을 다하
지는 않을 것이다. 그러므로 말할 때는 실천할 수 있는지를 생각
하고, 행동할 때는 자신이 한 말을 생각하니, 군자가 어찌 독실하
지 않을 수 있겠는가!

君子之道四, 丘未能一焉. 所求乎子, 以事父未能也. 所求乎
臣, 以事君未能也. 所求乎弟, 以事兄未能也. 所求乎朋友, 先
施之未能也. 庸德之行, 庸言之謹, 有所不足, 不敢不勉, 有餘
不敢盡, 言顧行, 行顧言, 君子胡不慥慥爾!

제14장
군자가 살아가는 방식

쌍봉 요씨는 "앞 장에서 '도가 사람에게서 멀리 떨어져 있는 것이 아니다'는 말은
자신의 몸가짐을 말하고, 이 장에서 '자신의 지위에 바탕을 두고 행동한다'는 말은
지위에 맞게 처신함을 말한다"라고 해설하고 있다.

1

군자는 자신의 지위에 바탕을 두고 행동한다. 자신의 처지에 벗어난 일을 바라지 않는다.

君子素其位而行, 不願乎其外.

2

부귀한 상태에 있으면 부귀함에 맞게 행동하고, 빈천한 상태에 있으면 빈천함에 맞게 행동한다. 오랑캐들과 함께 생활하게 될 상황에서는 오랑캐들의 생활에 맞게 행동한다. 그리고 전쟁과 같은 힘든 상황을 만났을 때는 힘든 상황에 맞게 행동한다. 군자는 어디서든 항상 그에 맞게 행동한다.

素富貴, 行乎富貴, 素貧賤, 行乎貧賤, 素夷狄, 行乎夷狄, 素患難, 行乎患難, 君子無入而不自得焉.

3

윗자리에 있으면서 아랫사람을 능멸하지 않고, 아랫자리에 있으면서 윗사람에게 아부하지 않는다. 자기 자신을 올바르게 하고 다른 사람에게 요구하지 않는다면 원성 사는 일이 없을 것이다. 위로는 하늘을 원망하지 않고 아래로는 다른 사람을 책망하지 않을 것이다.

在上位不陵下, 在下位不援上, 正己而不求於人則無怨. 上不怨天, 下不尤人.

4

그러므로 군자는 순리대로 생활하면서 그 결과[1]를 기다린다. 그러나 소인은 위태롭게 행동하면서 요행을 바란다.

故君子居易以俟命, 小人行險以徼幸.

5

공자는 말한다. "활쏘기는 군자가 자신의 행동을 되돌아볼 때와 유사하다. 활을 쏘아서 정곡을 맞추지 못하면 돌이켜 그 자신에게서 원인을 찾는다."

子曰 "射有似乎君子, 失諸正鵠, 反求諸其身."

---

1. 여기서는 '명'(命)을 결과라고 번역하였다. 명의 일반적인 뜻은 오늘날 쓰이는 운명이란 의미와 큰 차이가 없다. 즉 명은 자신이 어찌할 수 없는 영역을 의미한다. 따라서 인간의 목숨이나 부귀영달을 이루는 것 등은 자신의 힘으로 바꿀 수 없는 부분이므로 인간이 힘써 행할 영역으로 간주하지 않는다. 오로지 자신의 위치에서 할 수 있는 최선을 다한 뒤 그 결과를 기다릴 수밖에 없다. 여기서 명을 결과라고 해석한 것은 바로 이러한 의미이다.

제15장

가까운 곳에서부터 도를 실천해야 한다

쌍봉 요씨는 "'도가 사람에게서 멀리 떨어져 있는 것이 아니다'(13장)라고
한 다음부터 여기까지 세 장은 모두 가까이에서 진실된 것에 나아감이니
배우는 사람들이 마땅히 힘써야 한다"라고 말한다.

1

군자의 도란 비유하면, 멀리 가려면 반드시 가까운 곳에서부터 걸어가야 하는 것과 같고, 높이 오르려면 반드시 낮은 곳에서 시작해야 하는 것과 같다.

君子之道, 辟如行遠必自邇, 辟如登高必自卑.

2

『시경』에 "처자의 어울림이, 거문고를 타는 듯 조화로우며, 형제들 뜻이 맞아, 즐겁고도 즐겁나니, 너의 집안 화목케 하며, 너의 처자 즐겁게 하라"라고 노래하고 있다.[1]

詩曰 "妻子好合, 如鼓瑟琴, 兄弟旣翕, 和樂且耽, 宜爾室家, 樂爾妻帑."

3

공자는 (이 시에 대하여) "부모님은 참 마음이 편안하실 것이다"라고 하였다.[2]

---

1. 『시경』 9권 「소아·상체」의 시이다. 이는 형제간에 화락함을 표현한 시로, 관숙과 채숙이 형제간의 우애를 잃었음을 불쌍히 여겨 이 시를 지었다.
2. 자사는 앞서 2절에서의 시와 이 구절을 가지고서 1절의 "멀리 가려면 가까

子曰 "父母其順矣乎!"

운 데서 시작해야 하고 높이 오르려면 낮은 곳부터 시작해야 한다"라는 뜻을
밝혔다.

제16장

은미함과 광대함을 겸비

호씨에 따르면 이 앞의 세 장은 광대한 도의 작용 중 작은 것을 말하고 있다.
이것은 날마다 사용하는 것에 도가 있지 않음이 없음을 의미한다.
이 이후의 세 장은 광대한 도의 작용 중 큰 것을 말하고 있는데
도는 지극히 가까우면서도 지극히 먼 곳에까지 미친다는 내용을 담고 있다.
중간에 있는 이 장은 귀신의 은미하면서도 드러남과
도의 광대하면서도 은미함을 밝혀 크고 작은 뜻을 포괄하였으니
앞 장에서 발현하지 못한 함의를 발현하여 전후 여섯 장의 뜻을 관통하였다.

1

공자는 말한다. "귀신의 덕은 성대하도다!"[1]

子曰 "鬼神之爲德, 其盛矣乎!"

2

보려 해도 보이지 않고 들으려 해도 들리지 않지만 사물의 체가 되니 어떠한 사물도 이에서 빠뜨릴 수 없다.[2]

視之而弗見, 聽之而弗聞, 體物而不可遺.

---

1. 오늘날도 귀신은 일반적으로 사람이 죽은 후에도 존재하는 혼백으로 생각한다. 이를 송대의 유학자들은 기(氣)를 가지고서 설명하였다. 즉 사람이 죽게 되면 영혼은 하늘로 올라가고 육신은 땅으로 내려간다고 하면서 하늘로 올라가는 것은 양(陽)이므로 신(神)에 해당하고, 땅으로 내려가는 것은 음(陰)이므로 귀(鬼)라고 본다. 따라서 제사지낼 때 향을 피워서 신을 달래주고 술을 뿌려서 귀를 달래준다. 이러한 사고에 따라 신은 양으로 펼쳐지는 기능을 하고, 귀는 음으로 구부러지는 기능을 한다고 하며 기의 운동으로 귀신을 설명한다. 이러한 틀에서 정이는 귀신을 천지의 공용이며 조화의 흔적이라고 하였고, 장재는 이기(理氣)의 양능(良能)이라고 하였다. 이를 종합하여 주희는 음양으로써 말한다면 귀는 음의 영묘함이고 신은 양의 영묘함이며, 하나의 기로써 말한다면 뻗어 나아가는 것이 신이고 되돌아가는 것은 귀라고 하였다. 그러나 그 실질은 하나일 따름이라고 하였다.
2. 천지의 오르내림, 해와 달의 차고 기욺, 만물의 변화 모두 귀신이 행한 것이다. 그러므로 귀신이 비록 형체와 소리가 없다 해도 만물 중에 두루 있으니 어떠한 사물도 여기에서 벗어날 수 없다.

3

천하 사람들에게 목욕재계하고 옷을 잘 갖추어 입고서 제사를 받들게 한다면 도처에 가득하구나! 귀신이 자신의 머리 위에 있는 듯, 자신의 주변에 있는 듯하다.

使天下之人齊明盛服, 以承祭祀. 洋洋乎! 如在其上, 如在其左右.

4

『시경』에 "신이 다가오심을 헤아릴 수 없거늘 하물며 몸가짐을 나태하게 해서 되겠는가!"라고 하였다.[3]

詩曰 "神之格思, 不可度思! 矧可射思!"

5

무릇 미미한 일에서 분명하게 드러나게 되니 성실함을 덮어 가릴 수 없음이 이와 같구나!

夫微之顯, 誠之不可揜如此夫.

---

3. 『시경』 18권 「대아·억」이다. 이는 위(衛)나라 무공(武公)이 여왕(厲王)을 풍자하고 또한 스스로 경계한 시이다.

제17장
도 작용의 광대함 1

주희에 따르면 이 장에서는 일상적인 생활에서부터 지극한 경지까지 확대하여
도의 작용이 광대함을 드러내었다.
그리고 도의 작용이 생겨나는 근원은 은미함이라고 한다.

1

공자는 말한다. "순임금은 위대한 효자이시다. 그분의 덕은 성인의 경지이며, 존귀하기로는 천자의 지위에 오르셨고, 부유하기로는 사해의 모든 영토를 소유하였으며, 종묘를 세워 흠향케 하였으며 자손을 보전하셨다."

子曰 "舜其大孝也與! 德爲聖人, 尊爲天子, 富有四海之內. 宗廟饗之, 子孫保之."

2

그러므로 위대한 덕을 지닌 사람은 반드시 그에 맞는 지위를 얻고, 반드시 그에 맞는 녹을 얻으며, 반드시 그에 맞는 명성을 획득하고, 반드시 그에 맞는 수명을 누릴 것이다.

故大德必得其位, 必得其祿, 必得其名, 必得其壽.

3

그러므로 하늘이 만물을 낳을 때면 반드시 그 재질에 따라서 도탑게 해준다. 그러므로 뿌리를 뻗고 자라는 것은 북돋워주며, 기울어지는 것은 자빠뜨린다.

故天之生物, 必因其材而篤焉. 故栽者培之, 傾者覆之.

4

『시경』에 다음과 같은 말이 있다. "화락한 군자여! 밝게 드러나
는구나, 아름다운 덕이여! 백성들을 화락하게 하고 사람들에게
능력에 맞는 일을 맡기시네! 하늘로부터 복록을 받으시네. (하늘
은) 보살펴주고 보호하사 명을 내리시니 하늘로부터 거듭 보살핌
을 받으시네."[1]

詩曰 "嘉樂君子, 憲憲令德! 宜民宜人, 受祿于天, 保佑命之,
自天申之!"

5

그러므로 위대한 덕을 지닌 사람은 반드시 천명을 받는다.

故大德者必受命.

---

1. 『시경』 17권 「대아·가락」의 시이다. 이 시는 성왕(成王)을 찬미한 노래이다.

제18장

도 작용의 광대함 2

중용의 도를 설명하면서 이 장에서 상례를 다룬 것은
중용의 뜻을 단지 부모를 섬기는 일을 주로 해서 말한 것일 뿐이니,
반드시 다른 일을 언급해야 하는 것은 아니라고 주희는 말한다.

1

공자는 말한다. "근심이 없는 사람은 오직 문왕이구나! 아버지
는 왕계이고, 아들은 무왕이니, 아버지는 일을 일으키셨고, 아들
은 잘 발전시켰기 때문이다.

子曰, "無憂者其惟文王乎! 以王季爲父, 以武王爲子, 父作
之, 子述之.

2

무왕은 태왕, 왕계 그리고 문왕이 시작한 일을 계승하였다. 그
는 한번 갑옷을 입고서 천하를 얻었으며, 자신이 천하에 드러낸
명성을 잃지 않았다. 존귀함으로는 천자가 되었고, 부유함으로는
사해의 영토를 소유하였으며, 종묘를 세워 흠향케 하였으며 자손
을 보전하셨다.

武王纘大王王季文王之緒. 壹戎衣而有天下, 身不失天下之
顯名. 尊爲天子, 富有四海之內. 宗廟饗之, 子孫保之.

3

무왕은 말년에야 천명을 받았으므로, 주공이 문왕과 무왕의 덕
을 완수하였다. 그리하여 (문왕과 무왕의 선조인 태와 계에게) 태왕
과 왕계라고 왕의 칭호를 붙여주었으며 위로는 천자의 예로 조상

들께 제사를 지냈다. 이러한 예는 제후와 대부 및 선비와 일반 백성들에게까지 영향을 미쳤다. 그리하여 아버지는 대부이지만 자식이 선비일 경우 상례는 대부의 예로 하지만 제사는 선비의 예로 한다. 그러나 아버지는 선비였으나 자식이 대부일 경우 상례는 선비의 예로 하지만 제사는 대부의 예로 한다. 1년상은 대부까지이고 3년상은 천자까지이나 부모의 상은 신분이 귀한 사람이든 미천한 사람이든 모두 동일하다."

武王末受命, 周公成文武之德, 追王大王王季, 上祀先公以天子之禮. 斯禮也, 達乎諸侯大夫, 及士庶人. 父爲大夫, 子爲士, 葬以大夫, 祭以士. 父爲士, 子爲大夫, 葬以士, 祭以大夫. 期之喪達乎大夫, 三年之喪達乎天子, 父母之喪無貴賤一也."

제19장

도 작용의 광대함 3

쌍봉 요씨에 따르면, 제12장부터 이 장까지 여덟 장은
모두 도 작용의 광대함과 은미함에 대하여 말한다.

1

공자는 말한다. "무왕과 주공이야말로 온 천하 사람들이 칭송할 정도로 효도를 극진히 행하셨도다!

子曰 "武王周公, 其達孝矣乎!

2

무릇 효란 선조의 뜻을 잘 계승하며, 선조가 행한 일을 잘 발전시키는 것이다.[1]

夫孝者, 善繼人之志, 善述人之事者也.

3

봄과 가을에는 조상의 사당을 수리하고, 제기를 벌여놓고, 옷을 갖추어 입고서 그 계절에 나는 음식을 올린다.

春秋修其祖廟, 陳其宗器, 設其裳衣, 薦其時食.

---

1. 앞 장에서 무왕은 태왕·왕계·문왕이 한 일을 계승하여 천하를 소유하였으며 주공은 문왕과 무왕의 덕을 완성하여 선조를 추존하였다고 하였다. 이것이 바로 뜻을 계승하고 일을 잘 발전시킨 위대한 사례이다. 뒷문장은 제정된 제사의 예이다.

4

종묘의 예에 왼쪽[左昭]과 오른쪽[右穆] 순서가 있다. 왼쪽, 오른쪽 안에서 지위의 순서를 매기는 것은 신분의 높고 낮음을 변별하기 위해서이며, 일을 순서대로 맡기는 것은 현명함의 정도를 변별하기 위해서이다. 의식이 끝난 뒤에 참여한 사람들이 술잔을 돌려가며 마시는 예에 아랫사람이 윗사람에게서 잔을 받아 올리는 것은 미천한 사람들에게도 공경을 표현할 기회를 부여하기 위해서이다. 제사를 다 마치고 연회석에서 머리카락의 색이 흰 정도에 따라서 좌석을 배치하는 것은 나이의 순서를 구분하기 위해서이다.

宗廟之禮, 所以序昭穆也, 序爵, 所以辨貴賤也, 序事, 所以辨賢也, 旅酬下爲上, 所以逮賤也, 燕毛, 所以序齒也.

5

선왕의 지위에 오르게 되면 선왕이 행하던 예법을 행하며, 선왕이 연주하던 음악을 연주한다. 선왕이 존중하던 분들을 공경하고, 선왕이 친애하던 분들을 보살핀다. 그리하여 돌아가신 분을 마치 산 사람 섬기듯이 하고, 계시지 않은 분을 마치 계시는 분처

럼 섬기는 것[2]이 효의 지극함이다.[3]

　踐其位, 行其禮, 奏其樂, 敬其所尊, 愛其所親, 事死如事
生, 事亡如事存, 孝之至也.

6

　하늘에 제사지내는 교(郊)제사와 땅에 제사지내는 사(社)제사
의 예는 상제를 섬기는 방법이다. 종묘의 예는 선조에게 제사지내
는 방법이다. 교제사와 사제사의 예와 천자가 종묘에 제사지내는
체(禘)제사와 사시사철 제사지내는 상(嘗)제사의 의미를 분명하게
알면, 나라를 다스림이 손바닥을 들여다보듯이 쉬울 것이다."

　郊社之禮, 所以事上帝也, 宗廟之禮, 所以祀乎其先也. 明乎
郊社之禮 禘嘗之義 治國其如示諸掌乎."

---

2. 이 절에서 볼 수 있듯이 이 글에서는 장례지낼 때[事死如事生]와 제사지낼 때
〔事亡如事存〕 대상으로 하는 사망자를 구분하고 있다. 따라서 사자와 망자는
번역하면 모두 죽은 사람이지만, 그 의미를 살리기 위하여 사자(死者)는 '돌
아가신 분'으로, 망자(亡者)는 '계시지 않은 분'으로 번역하였다.
3. 이 구절은 앞서 세 구절을 결론지은 것으로 모두 뜻을 계승하고 일을 잘 발전
시켜간다는 뜻이다.

제20장

성실함에 관하여

이 장에서는 공자의 말을 인용하여
순임금과 문왕, 무왕, 주공이
전해준 가르침이 일치됨을 밝히고 있다.

1

애공이 정치에 대하여 물었다.

哀公問政.

2

공자는 말한다.

"문왕과 무왕의 정치는 책에 기술되어 있지만, 걸맞은 사람이 있으면 그 정치가 흥성하게 될 것이고, 걸맞은 사람이 없으면 그 정치는 사그러들 것이다.

子曰 "文武之政, 布在方策. 其人存, 則其政擧, 其人亡, 則其政息.

3

사람의 도는 정치를 통해서 금방 드러나고, 땅의 도는 나무를 통해서 금방 드러난다. 무릇 정치라고 하는 것은 부들과 갈대가 순식간에 자라듯이 금방 드러난다.[1]

---

1. 주희는 포로(蒲蘆)를 심괄의 견해를 받아들여 갈대라고 보지만, 정약용은 정현의 설을 받아들여 나나니벌이라고 해석한다. 주희는 그 영향력이 빨리 드러난다는 측면에서 갈대처럼 빨리 자라는 식물에서 의미를 빌려왔다고 보았다. 그러나 정약용은 이 구절은 나나니벌이 있을 때는 애벌레가 탈바꿈하여 벌 새끼가 생기고 나나니벌이 떠나가버리면 애벌레는 탈바꿈하지 못하게 된

人道敏政, 地道敏樹. 夫政也者, 蒲盧也.

4

그러므로 정치의 성패는 사람에게 달려 있다. 자신을 닦은 정도로 사람을 등용하고, 도로 자신을 닦으며, 인자함으로 도를 닦는다."

故爲政在人, 取人以身, 修身以道, 修道以仁."

5

인자함은 사람으로서 갖추어야 할 것이니, 그중에서 친족을 사랑하는 것이 가장 중요하다. 의로움이란 마땅함이니, 그중에서 현명한 이를 높이는 것이 가장 중요하다. 친족을 사랑하는 정도의 차이[2]와 현명한 사람을 높이는 등급의 차이[3]에서 예가 나온다.

다는 것에서 의미를 빌려왔다고 본다. 그러므로 걸맞은 사람이 있으면 정치가 거행되나 걸맞은 사람이 없으면 정치가 거행되지 않음을 비유해서 사용했다고 본다.

2. 이는 상복을 입는 것과 상을 지내는 기간의 차이를 의미한다. 부모님으로부터 위로 올라가면서 기간을 줄여가고, 아래로 내려가면서 차등을 두는 것은 살아 있는 혈족을 섬기는 것과 돌아가신 분을 애도하는 방식을 규정한 것이다. 따라서 이는 일에 따라 각기 알맞은 법을 행하는 것을 가리킨다.

3. 제후, 공경, 대부의 지위에 따라 수레나 의복 등을 구분하는 것을 말한다.

仁者人也, 親親爲大, 義者宜也, 尊賢爲大, 親親之殺, 尊賢
之等, 禮所生也.

6

낮은 지위에 있으면서 윗사람에게 신임을 받지 못한다면 백성
을 다스릴 수 없다.

在下位不獲乎上, 民不可得而治矣!

7

그러므로 군자는 몸을 닦지 않을 수 없다. 몸을 닦으려면 부
모님을 섬기지 않을 수 없다. 부모님을 섬기려면 사람의 도를
몰라서는 안 된다. 사람의 도를 알려면 하늘의 이치를 몰라서는
안 된다.

故君子不可以不修身, 思修身, 不可以不事親, 思事親, 不可
以不知人, 思知人, 不可以不知天.

8

천하의 모든 사람이 알고 있는 도는 다섯 가지이고, 그것을
행하는 방법은 세 가지이다. 군신·부자·부부·형제·친구 간의
사귐 이 다섯 가지가 천하의 모든 사람이 알고 있는 도이다. 그

리고 지혜로움과 인자함, 용맹스러움 이 세 가지는 천하의 모든 사람이 알고 있는 덕이다. 그러나 이것을 행하게 하는 방법은 한 가지이다.[4]

天下之達道五, 所以行之者三, 曰君臣也, 父子也, 夫婦也, 昆弟也, 朋友之交也, 五者天下之達道也. 知仁勇三者, 天下之達德也, 所以行之者一也.

9

어떤 사람은 나면서부터 알고, 어떤 사람은 배워서야 알게 되며, 어떤 사람은 고심해서야 알게 된다. 그러나 안다는 점에서는 같다. 어떤 사람은 마음에 걸림 없이 편안하게 행하고, 어떤 사람은 자신에게 이롭다고 생각할 때만 행하며, 어떤 사람은 힘써 열심히 행한다. 그러나 성과를 이룬다는 점에서는 같다.[5]

---

4. 이것은 아버지와 아들 간에는 친함이 있고, 임금과 신하 간에는 의리가 있으며, 부부간에는 구별이 있고, 어른과 젊은 사람 사이에는 순서가 있고, 친구 간에는 신의가 있다는 오륜을 말한다. 지혜로움으로 이것을 알게 되고, 인자함으로 이것을 체득하게 되며, 용맹함으로 이것에 힘쓰게 된다. 여기서 한 가지라고 한 것은 성실함으로써 모든 것을 포괄할 수 있기 때문이다.

5. 주희는 다음과 같이 설명한다. "앎의 대상과 행위의 대상은 모두 사람이 통달해야 할 도이다. 나누어서 말한다면 알게 되는 것은 지혜로움 때문이고, 행하게 되는 것은 인자함 때문이며, 결과를 성취한다는 측면에서 동일하다고 한 것은 용맹함 때문이다. 등급을 나누어서 말한다면 태어나면서부터 아는

或生而知之, 或學而知之, 或困而知之, 及其知之一也, 或安
而行之, 或利而行之, 或勉强而行之, 及其成功一也.

10

공자는 말한다. "배우기를 좋아하는 것은 지혜로움에 가깝고,
힘써 행하는 것은 인자함에 가까우며, 부끄러워할 줄 아는 것은
용맹함에 가깝다.

子曰 "好學近乎知, 力行近乎仁, 知恥近乎勇.

11

이 세 가지를 알면 몸을 닦는 방법을 알게 될 것이며, 몸을 닦는
방법을 알면 사람을 다스리는 방법을 알게 될 것이다. 사람을 다
스리는 방법을 알면 천하 국가를 다스리는 방법을 알게 될 것이
다."[6]

知斯三者, 則知所以修身, 知所以修身, 則知所以治人, 知所以

것과 편안하게 행동하는 것은 지혜로움이고, 배워서 아는 것과 이롭다고 생
각할 때만 행하는 것은 인자함이며, 고심해서야 아는 것과 힘써 행하는 것은
용맹함이 된다.

6. 주희는 이 단락을 윗글에서 말한 '자신을 닦음'의 뜻으로 결론짓고 뒤에 나오
    는 아홉 가지 변치 않는 도리의 단서를 열었다고 한다.

治人, 則知所以治天下國家矣."

12

무릇 천하 국가를 다스리는 데 아홉 가지 변치 않는 도리가 있다. 그것은 몸을 닦음과 현명한 사람을 높임·친족을 사랑함·훌륭한 신하를 공경함·여러 신하를 자신의 몸과 같이 여김·일반 백성들을 자식과 같이 생각함·많은 기술자를 자신의 나라로 오도록 함·멀리 떨어져 있는 사람을 회유함·제후들을 포용함이다.[7]

凡爲天下國家有九經, 曰 修身也, 尊賢也, 親親也, 敬大臣也, 體群臣也, 子庶民也, 來百工也, 柔遠人也, 懷諸候也.

13

몸을 닦으면 도가 확립되고, 현명한 사람을 높이면 의혹에 빠

---

7. 아홉 가지 변치 않는 도리 간의 순서를 여대림은 다음과 같이 설명한다. "천하 국가의 근본은 자신에게 있기 때문에 '몸을 닦음'을 아홉 가지 변치 않는 도리의 근본으로 삼았다. 그러나 반드시 스승을 친애하고 벗을 사귄 뒤에 몸을 닦는 도가 진전되므로 '현명한 사람을 높임'을 그다음에 두었다. 도의 진전은 집안보다 먼저인 곳이 없다. 그러므로 '친족을 사랑함'이 그다음이다. 조정에서 국가에 이르므로 '훌륭한 신하를 공경함', '여러 신하를 자신의 몸과 같이 여김', '일반 백성들을 자식과 같이 생각함', '많은 기술자를 자신의 나라로 오도록 함'이 그다음이다. 그리고 나라에서 천하에 이르므로 '멀리 떨어져 있는 사람을 회유함'과 '제후들을 포용함'이 그다음이다."

지지 않게 되고, 친족을 잘 대해주면 여러 친척 어른들과 형제들이 원망하지 않게 되며, 훌륭한 신하를 공경하면 멍청한 짓을 저지르지 않게 된다. 여러 신하를 자신의 몸과 같이 여기면 선비들이 그에 보답하는 예를 두텁게 할 것이며, 일반 백성들을 자식과 같이 여기면 백성들이 따를 것이며, 많은 기술자가 오게 되면 국고가 풍족해질 것이며, 멀리 떨어져 있는 사람을 잊지 않으면 사방에서 그에게로 귀의할 것이며, 제후들을 잘 포용하면 천하가 그를 두려워하게 될 것이다.

修身則道立, 尊賢則不惑, 親親則諸父昆弟不怨, 敬大臣則不眩, 體群臣則士之報禮重, 子庶民則百姓勸, 來百工則財用足, 柔遠人則四方歸之, 懷諸侯則天下畏之.

14

목욕재계하고 옷을 잘 갖추어 입고서 예가 아니면 움직이지 않는 것은 몸을 닦는 방법이다. 아첨하는 사람을 물리치고 낯빛을 꾸미는 사람을 멀리하며 재물을 가볍게 보고 덕을 소중하게 생각하는 것은 현명한 사람을 장려하는 방법이다. 지위를 존중해주고, 녹을 후하게 주며, 좋아하고 싫어하는 바를 함께하는 것은 친족을 친애하도록 하는 방법이다. 하급 관료들을 많이 채용하여 마음대로 부리도록 하는 것은 대신을 장려하는 방법이다. 충심으로 믿고 녹을 후하게 주는 것은 선비를 장려하는 방법이다. 때에 맞게 사람들을 부리고[8] 세금을 적게 거두는 것은 백성을 격려하는 방법이다. 날마다 살피고 달마다 시험해보아 곳간의 쌀과 녹을 보관하는 창고가 자신이 한 일에 맞게 채워지도록 하는 것은 모든 기술자를 장려하는 방법이다. 떠나는 자를 보내고 오는 자를 맞으며 어진 사람을 후하게 대접해주고 능력이 모자란 자를 불쌍히 여기는 것은 멀리 떨어져 있는 사람을 회유하는 방법이다. 대가 끊어진 집안을 이어나가게 해주고, 황폐한 나라를 일으키며, 반란을 다스리고 위기를 견뎌내며, 적절한 때에 조회하고 초빙하며, 가는 사람들에게는 후하게 대해주고 오는 사람들에게는 세금을 적게 거두는 것은 제후들을 포용하는 방법이다.[9]

齊明盛服, 非禮不動, 所以修身也, 去讒遠色, 賤貨而貴德, 所以勸賢也, 尊其位, 重其祿, 同其好惡, 所以勸親親也, 官盛任使, 所以勸大臣也, 忠信重祿, 所以勸士也, 時使薄斂, 所以勸百姓也, 日省月試, 旣稟稱事, 所以勸百工也, 送往迎來, 嘉

---

8. 때에 맞게 사람을 부린다는 말을 이해하기 위해서는 당시가 농경사회였다는 점을 고려해야 한다. 즉 농사가 당시 백성들의 생계수단이었으므로 농사철을 잘 살펴서 농한기에 백성들을 부려야 한다는 의미이다. 군대의 의무를 하거나 성이나 다리를 축조하는 등 건축사업을 할 때 필요한 인력은 백성 중에서 차출하게 된다. 따라서 이러한 국가적인 일을 할 때는 가능한 한 백성들의 생계에 지장을 주지 않는 한도에서 부려야 백성들이 불만이 없게 된다는 것을 말한 것이다.
9. 이것이 아홉 가지 변치 않는 도리[九經]에 따르는 일이다.

善而矜不能, 所以柔遠人也, 繼絶世, 擧廢國, 治亂持危, 朝聘
以時, 厚往而薄來, 所以懷諸侯也.

15

무릇 천하 국가를 다스리는 데에는 아홉 가지 변치 않는 도리
가 있다. 그런데 그것을 행하게 하는 방법은 하나이다.[10]

凡爲天下國家有九經, 所以行之者一也.

16

모든 일은 미리 대비하면 이루어지고, 미리 대비하지 않으면 폐
기되어버린다. 즉 말이 미리 정해져 있으면 착오가 생기지 않고, 일
이 미리 정해져 있으면 도중에 곤경에 빠지지 않는다. 행동이 미리
정해져 있으면 후회할 일이 없어지고, 도가 미리 정해져 있으면 궁
지에 빠지지 않는다.[11]

凡事豫則立, 不豫則廢. 言前定則不跲, 事前定則不困, 行前

---

10. 여기서 하나란 성실함이다. 조금이라도 성실하지 않음이 있으면 아홉 가지
    는 모두 텅 빈 형식일 뿐이라고 주희는 말하였다.
11. 여기서 말한 모든 일이란 모든 사람이 알고 있는 도와 모든 사람이 알고 있는
    덕과 아홉 가지 변치 않는 도리를 의미한다.

定則不疚, 道前定則不窮.

17

아랫자리에 있으면서 윗사람에게 신임을 받지 못한다면 백성을 다스릴 수 없을 것이다. 윗사람에게 신임을 받는 데도 방법이 있으니 친구들에게 신임을 받지 못한다면 윗사람에게 신임을 받지 못할 것이다. 친구들에게 신임을 받는 데도 방법이 있으니 부모님을 따르지 않는다면 친구들의 신임을 받지 못할 것이다. 부모님을 따르는 데도 방법이 있으니 자신을 돌이켜보아 성실하지 않으면 부모님을 따르지 않을 것이다. 자신을 성실하게 하는 데 방법이 있으니 선을 살피지 않는다면 자신을 성실하게 할 수 없을 것이다.

在下位不獲乎上, 民不可得而治矣. 獲乎上有道, 不信乎朋友, 不獲乎上矣. 信乎朋友有道, 不順乎親, 不信乎朋友矣. 順乎親有道, 反諸身不誠, 不順乎親矣. 誠身有道, 不明乎善, 不誠乎身矣.

18

성실함은 하늘의 도이며 성실해지려고 함은 사람의 도이다. 성실한 사람은 힘쓰지 않아도 딱 들어맞고 생각하지 않고도 파악할 수 있어 차분하게 도에 맞으니 성인이다. 성실해지려고 하는 사

람은 선을 택해서 굳게 지켜나가는 사람이다.[12]

誠者, 天之道也, 誠之者, 人之道也. 誠者不勉而中, 不思而
得, 從容中道, 聖人也. 誠之者, 擇善而固執之者也.

19

(성실해지려고 하는 사람은) 폭넓게 배우고, 자세하게 묻고, 신중
하게 생각하며, 분명하게 변별하고, 독실하게 행하여야 한다.[13]

博學之, 審問之, 愼思之, 明辨之, 篤行之.

20

배우지 못한 부분이 있을지언정 배울 바엔 능숙해지지 않고는

---

12. 주희는 성실함과 성실해지려고 함을 다음과 같이 구분하였다. 성실함은 진
　　실하여 제멋대로 함이 없는 것으로 하늘의 이치의 본래 그런 상태를 말하고,
　　성실해지려고 함은 진실하여 제멋대로 함이 없는 상태에 이르지는 못했으나
　　진실하여 제멋대로 함이 없는 상태에 이르고자 함이니 사람들이 행해야 할
　　당연함을 말한다.
13. 주희는 이 구절을 성실해지려고 하는 것의 조목으로 보고 다음과 같이 나
　　누어서 설명하였다. 배우고 묻고 생각하고 변별하는 것은 선을 택하는 방
　　법으로 지혜로움에 해당하며 배워서 아는 것에 해당한다. 독실하게 행함은
　　확고하게 잡는 방법으로 인자함에 해당하며 이롭다고 여겨 행하는 것에 해
　　당한다.

그치지 않는다. 질문하지 못한 부분이 있을지언정 질문할 바엔 알게 될 때까지 질문을 그치지 않는다. 생각하지 못한 부분이 있을지언정 생각할 바엔 파악할 때까지 그치지 않는다. 변별하지 못한 부분이 있을지언정 변별할 바엔 분명해질 때까지 그치지 않는다. 행하지 않을지언정 행할 바엔 독실해질 때까지 그치지 않는다. 그리하여 다른 사람은 한 번에 할 수 있지만 자신은 (그렇게 할 수 없다면) 백 번이라도 하고, 다른 사람은 열 번에 할 수 있지만 자신은 (그렇게 할 수 없다면) 천 번이라도 한다.[14]

有弗學, 學之弗能弗措也, 有弗問, 問之弗知弗措也, 有弗思, 思之弗得弗措也, 有弗辨, 辨之弗明弗措也, 有弗行, 行之弗篤弗措也, 人一能之己百之, 人十能之己千之.

21

과감히 이 도를 행할 수 있다면 어리석은 사람이라 하더라도 반드시 명철해질 것이며, 유약한 사람이라 하더라도 반드시 강인해질 것이다.[15]

---

14. 이것은 고심해서야 아는 것이며 힘써 행하는 것이니 용맹함의 일이다.

15. 송대 성리학자 여대림은 이것과 연관하여 공부해야 하는 까닭을 다음과 같이 설명한다. "군자가 배우는 까닭은 기질을 변화시키기 위해서이다. 덕이 기질을 극복하면 어리석은 사람도 명철해질 수 있고, 유약한 사람도 강해질 수 있다." 그러므로 단지 자신이 부여받은 품성을 운명이라 생각하고 노력하

果能此道矣, 雖愚必明, 雖柔必强.

지 않는 것은 이 당시 유학자들이 완강히 거부하는 태도였다. 따라서 이들은
항상 공부를 중요시한다.

제21장

하늘의 도와 사람의 도

주희는 공자가 말한 하늘의 도와 사람의 도를 논한 앞 장의 내용을 이어서
이 장 이후 모든 장은 자사의 말로 구성되었다고 한다.
또한 제22장부터는 제21장의 내용을 거듭 밝힌 것으로 본다.

1

성실함을 통해 명철해지는 것을 본성이라고 한다. 명철함을 통해 성실해지는 것을 가르침이라고 한다. 성실하면 명철해지고, 명철하면 성실해진다.[1]

自誠明, 謂之性, 自明誠, 謂之敎. 誠則明矣, 明則誠矣.

---

1. 여기서 '성실함을 통해서 명철해지는 것'은 하늘의 도를 의미하고, '명철함을 통해서 성실해지는 것'은 사람의 도이다. 따라서 이 장은 이후 장에서 논하는 사람의 도와 하늘의 도를 나누는 분수령이 된다.

제22장

하늘의 도에 관하여 1

어떤 사람이 "이 장부터는 하늘의 도와 사람의 도를 번갈아가면서
설명하는 듯합니다"라고 질문하자 잠실 진씨는 다음과 같이 설명하였다.
"도리는 자유자재하여 말로 다 표현하지 못한다.
어떻게 일정한 형식을 세우겠는가! 단지 장에 따라서 체인할 따름이다.
힘써 노력함에 대해서 언급하지 않은 부분은 하늘의 도를 말한 것이고
힘써 노력함에 대해 언급한 부분은 사람의 도를 다룬 것이다."

1

오직 천하의 지극한 성실함이라야 자신의 본성을 다 드러낼 수 있다. 자신의 본성을 다 드러낼 수 있다면 사람의 본성을 다 드러낼 수 있다. 사람의 본성을 다 드러낼 수 있다면 만물의 본성을 다 드러낼 수 있다. 만물의 본성을 다 드러낼 수 있다면 천지가 만물을 만들어 자라게 함을 도울 수 있다. 천지가 만물을 만들어 자라게 함을 도울 수 있다면 천지와 함께 이 세계경영에 참여할 수 있게 될 것이다.[1]

唯天下至誠, 爲能盡其性, 能盡其性, 則能盡人之性, 能盡人之性, 則能盡物之性, 能盡物之性, 則可以贊天地之化育, 可以贊天地之化育, 則可以與天地參矣.

---

1. 주희는 다음과 같이 설명한다. "사람과 사물의 본성은 단지 부여받은 몸[形氣]이 다르기 때문에 차이가 있을 따름이다. 그것을 다 할 수 있다는 것은 앎이 명철하지 않음이 없고, 처함이 마땅하지 않은 곳이 없다는 의미이다. 천지와 함께 참여한다는 것은 천지와 나란히 서서 셋이 된다는 것이니, 이는 성실함을 통해 명철하게 된 일이다."

제23장

사람의 도에 관하여 1

사람들의 본성은 모두 같지만 기는 다르다.
그러므로 오직 성인만이 인간이 하늘로부터 부여받은
본성의 전체를 다 드러낼 수 있다. 그 다음으로는 반드시
선한 단서가 발현된 한 측면으로부터 밀고 나아가
지극한 경지에까지 도달한다고 주희는 말한다.
또한 이들이 공부를 해서 도달한 경지는
성인이 체현해낸 경지와 다르지 않다.

1

그 다음으로는 (선한 단서가 발현된) 한 측면을 극진하게 밀고 나아가는 일이다.[1] (선한 단서가 발현된) 한 측면에도 성실함이 있으니, 성실하면 드러나고, 드러나면 뚜렷해지고, 뚜렷해지면 밝아지고, 밝아지면 움직이고, 움직이면 변하고, 변하면 교화된다. 오직 천하의 지극한 성실함이라야 교화할 수 있다.

其次致曲, 曲能有誠, 誠則形, 形則著, 著則明, 明則動, 動則變, 變則化, 唯天下至誠爲能化.

---

1. '치곡'(致曲)에 대한 해석은 정현과 주희가 다르다. 정현은 '곡'(曲)을 사소한 일이라고 보았다. 그리고 '치'(致)를 '지'(至)로 보았다. 따라서 지극히 사소한 일을 의미한다고 하였다. 반면 주희는 곡을 한 측면이라고 해서 선한 단서가 발현된 한 측면을 지칭하며, 치는 '추치'(推致)라고 하여 미루어 나아감이라고 하였다. 따라서 선한 단서가 발현된 한 측면을 밀고 나아감으로 해석하였다. 주희는 제22장을 자성명(自誠明)의 단계로, 이 장을 자명성(自明誠)의 단계로 보아 두 장을 대별해서 이해하기 때문에 이와 같이 해석하게 되었다.

제24장

하늘의 도에 관하여 2

모든 이치는 미리 드러난다.
그러므로 오직 지극한 성실함을 지녀서
마음속에 조그마한 사심도 두지 않게 된다고
주희는 이 장을 설명한다.

1

지극한 성실함의 도는 앞일을 미리 알 수 있다. 국가가 흥하려고 하면 반드시 좋은 조짐이 있고, 국가가 망하려고 하면 반드시 불길한 조짐이 있다. 이는 시초와 거북껍질에서 나타나고, 온몸의 움직임에서 나타난다.[1] 화와 복이 장차 이르려고 할 때 좋을 것[善]을 반드시 먼저 알게 되며, 좋지 못할 것[不善]도 반드시 먼저 알게 된다. 그러므로 지극한 성실함은 신과 같이 작용한다.[2]

至誠之道, 可以前知. 國家將興, 必有禎祥, 國家將亡, 必有妖孽, 見乎蓍龜, 動乎四體. 禍福將至, 善必先知之, 不善必先知之. 故至誠如神.

---

1. 주역점을 칠 때 산가지로 사용하는 나무를 시초라고 한다. 당시 시초는 신령스러운 식물로, 신의 뜻을 전달해주는 매개체가 된다고 여겼다. 거북점은 거북껍질을 불에 구우면 갈라지는 선에 따라 길흉을 판단하는 방법이다. 이 점은 주로 은대에 사용되었는데 주대에 나온 주역점과 함께 후대에 사용되었다.
2. 주희는 다음과 같이 말하였다. "오직 지극한 성실함을 가지고서 마음속에 조그마한 사욕도 없게 되어야 조짐이 나오는 미묘한 시기를 잘 살필 수 있게 되어 미리 알 수 있다."

제25장

사람의 도에 관하여 2

성실함은 비록 자기 자신을 완성하는 방법이지만
이미 성실함을 통해서 자신을 완성하게 된다면
자연히 외물에까지 그 영향이 미치게 되어
도가 또한 그곳에서 행하여진다고 주희는 설명한다.

1

성실함은 스스로 이루어지게 하고, 도는 스스로 이끌어간다.[1]

誠者自成也, 而道自道也.

2

성실함은 사물의 처음이자 끝이니, 성실하지 않으면 어떠한 사물도 없게 된다. 그러므로 군자는 성실함을 가장 귀하게 여긴다.[2]

誠者物之終始, 不誠無物. 是故君子誠之爲貴.

3

성실함은 스스로 자신을 완성시킬 뿐만 아니라 만물을 완성시킨다. 자신을 완성시키는 것은 인자함이고, 만물을 완성시키는

---

1. 주희는 성실함과 도를 다음과 같이 설명하였다. "성실함은 사물이 스스로 이루어지는 방법이고, 도는 사람들이 마땅히 스스로 행해야 하는 것이다." 즉 성실함은 자연스럽게 이루어지는 도리이지 사람들이 인위적으로 안배하도록 하는 것이 아니다. 그러나 도는 반드시 사람들이 스스로 행해야 한다.
2. 주희는 다음과 같이 설명하였다. "천하의 사물은 모두 진실한 이치로 인해 생성된 것이므로 반드시 이 이치를 얻은 뒤에 이 사물이 있게 되며 이치가 사라지면 이 사물 역시 사라진다. 그러므로 사람의 마음에 일단 불성실함이 있게 되면 비록 행한 것이 있더라도 없는 것과 같으니 군자는 반드시 성실함을 귀하게 여긴다."

것은 지혜로움이다. 이는 자신의 본성에 본래부터 가지고 있던 덕이며, 내외를 합하는 도이다. 그러므로 어느 때에 행하든 상황에 맞게 된다.

誠者非自成己而已也, 所以成物也. 成己, 仁也, 成物, 知也. 性之德也, 合內外之道也, 故時措之宜也.

제26장
하늘의 도에 관하여 3

섭씨는 "성인이 천지와 자신의 덕을 일치시키니
하늘의 도가 된다"라고 말한다.

1

그러므로 지극히 성실하게 되면 그침이 없게 된다.

故至誠無息.

2

그침이 없게 되면 오래가고, 오래가면 효과가 있다.

不息則久, 久則徵.

3

효과가 있으면 오래도록 유지할 수 있고, 오래도록 유지할 수 있으면 넓고 두터워지며, 넓고 두터워지면 높고 밝아진다.

徵則悠遠, 悠遠則博厚, 博厚則高明.

4

넓고 두텁게 되면 만물을 실을 수 있고, 높고 밝게 되면 만물을 덮어줄 수 있으며, 멀리까지 미치고 오래가게 되면 만물을 이루어 줄 수 있다.

博厚, 所以載物也, 高明, 所以覆物也, 悠久, 所以成物也.

5

넓고 두터움은 땅에 짝하고, 높고 밝음은 하늘에 짝하며, 멀고 오래감은 끝이 없다.

博厚配地, 高明配天, 悠久無疆.

6

이와 같은 것은 보여주지 않고도 나타나며, 움직이지 않고도 변하며, 행함이 없이도 완성된다.

如此者, 不見而章, 不動而變, 無爲而成.

7

천지의 도는 한마디 말로 다 드러낼 수 있다. 즉 천지의 도가 사물을 이룸에 나뉨이 없게 되면 천지의 도가 만물을 낳음이 헤아리지 못할 정도로 무궁무진하게 된다.[1]

---

1. 여기서 '불이'(不貳)는 만물의 시작이자 끝인 성실함을 나타낸다. 따라서 불이는 의심을 품지 않음 또는 둘로 나뉘지 않음, 떨어지지 않음이라고 해석할 수 있다. 이 세 가지 해석은 천지의 도가 만물에서 그대로 드러날 수 있는 방식을 의미한다. 여기서는 1절의 '지극히 성실하게 되면 그침이 없게 된다'의 공용을 밝혔으므로 천지의 도와 사물 간에 나뉨이 없다고 해석하였다. 또한 여기서 "천지의 도는 한마디 말로 다 드러낼 수 있다"라고 한 것은 성실함을 말한 것이다. 즉 천지의 도가 사물을 이룸에 나뉨이 없는 것은 바로 성실하기 때문이다.

天地之道, 可一言而盡也, 其爲物不貳, 則其生物不測.

8
천지의 도는 넓고 두터우며 높고 밝고 멀고 영구하다.[2]

天地之道, 博也, 厚也, 高也, 明也, 悠也, 久也.

9
지금의 저 하늘은 깜빡거리는 작은 빛이 많이 모인 것이니 무궁한 곳에 이르러서는 해와 달과 별이 그것에 매달려 있으며 만물이 그것에 덮여 있다. 지금의 저 땅은 한 줌의 흙이 많이 모인 것이니 그 넓고 두터운 데에 이르러서는 화산과 악산같이 큰 산을 싣고 있어도 무거워하지 않고, 황하와 북해같이 큰 강과 바다를 안고 있으면서도 새지 않으며, 만물이 그곳에 실려 있다. 지금의 저 산은 하나하나의 바위가 모인 것이니 광대함에 이르러서는 초목이 그곳에서 자라고, 금수가 그곳에서 거처하며, 보물이 그곳에서 나온다. 지금의 저 물은 한 국자의 물이 많이 모인 것이니 깊이를 헤아릴 수 없을 정도로 깊은 곳에 이르러서는 자라나 악어, 뱀, 용, 물고

---

2. 천지의 도는 성실하고 한결같아 끊임이 없으므로 각기 그 성대함을 지극히 할 수 있다. 아래 문장은 사물을 낳는 효능이다.

기, 거북이가 그곳에서 생활하며, 재원이 그곳에 풍부하다.[3]

今夫天, 斯昭昭之多, 及其無窮也, 日月星辰繫焉, 萬物覆焉. 今夫地, 一撮土之多, 及其廣厚, 載華嶽而不重, 振河海而不洩, 萬物載焉. 今夫山, 一券石之多, 及其廣大, 草木生之, 禽獸居之, 寶藏興焉. 今夫水, 一勺之多, 及其不測, 黿鼉 蛟龍 魚鼈生焉, 貨財殖焉.

10

『시경』에서 "하늘의 명은 심원하여 그침이 없구나"[4]라고 한 것은 아마도 하늘이 하늘일 수밖에 없는 이유를 말한 듯하다. 그리고 "오호라, 어찌 뚜렷이 드러나지 않겠는가! 문왕의 덕의 순일함이여!"라고 한 것은 아마도 시호가 문왕이 된 까닭을 말한 듯하다. 문왕의 덕의 순일함 역시 하늘의 덕과 마찬가지로 그침이 없다.[5]

---

3. 여기서 나오는 하늘·땅·산·물 이 네 조목은 모두 천지의 도와 만물이 나뉘지 않고 끊임없이 변화하는 것을 통해서 성대함을 이루어 나아가 만물을 낳을 수 있는 뜻을 밝힌 것이다. 그러나 천지 산천이 이처럼 쌓여나간 뒤에 커진 것은 아니다. 문자를 그대로 해석함으로써 그 안에 내재된 의미를 해쳐서는 안 된다고 주희는 강조하였다.

4. 『시경』19권 「주송·유천지명」이다. 이 시는 태평함을 문왕에게 아뢴 노래이다.

5. 하늘의 덕이 그침이 없다고 하는 이유는 봄·여름·가을·겨울의 운행이 한시

詩云 "維天之命, 於穆不已!" 蓋曰天之所以爲天也. "於乎不顯! 文王之德之純!" 蓋曰文王之所以爲文也, 純亦不已.

제27장
사람의 도에 관하여 3

덕성을 높이는 공부를 통해서는 만물을 발육해주고 하늘을 찌르는 듯한
위대한 도를 충만하게 한다. 묻고 배우는 공부를 통해서는
예의의 커다란 틀 삼백여 가지와
예절 삼천여 가지의 세세한 도를
다 드러낸다. 이렇듯 위대한 도와 세세한 도를 겸비하고
정미함과 거친 것이 나뉘지 않기 때문에 윗자리에 있건 아랫자리에 있건, 세상이
잘 다스려지건 그렇지 않건 모두 마땅하게 된다.

1

위대하도다, 성인의 도여!

大哉, 聖人之道!

2

성인의 덕이 도처에 충만하여 성대하게 만물을 발육하니 그 높고 위대함이 하늘을 찌를 듯하구나.

洋洋乎發育萬物, 峻極于天.

3

넉넉히도 크구나! 예의의 커다란 틀이 삼백여 가지이고 세세한 예절이 삼천여 가지이다.

優優大哉! 禮儀三百, 威儀三千.

4

성인의 도는 마땅한 사람을 기다린 뒤에야 행해진다.

待其人而後行.

5

그러므로 진실로 지극한 덕이 아니면 지극한 도는 이루어지지 않는다고 한다.

故曰苟不至德, 至道不凝焉.

6

그러므로 군자는 덕성을 높이고 묻고 배우는 것을 계기로 삼으니, 광대함을 지극하게 하면서도 정미함을 다 드러내며, 높고 밝음을 지극하게 하면서도 중용을 따르며, 옛것을 익히면서도 새로운 것을 알며, 후덕함을 돈독히 하여 예를 숭상한다.[1]

故君子尊德性而道問學, 致廣大而盡精微, 極高明而道中庸. 溫故而知新, 敦厚以崇禮.

---

1. 이 구절은 이후 주희와 육구연의 공부방법의 차이를 논하면서 많이 언급되는 부분이다. 즉 "덕성을 높이고 묻고 배우는 것을 계기로 삼는다"라고 한 공부방법에서 주희는 양자의 공부에 같은 비중을 두고 강조하는 반면 육구연은 주희의 공부방법이 지리하게 될 것이라며 덕성을 높이는 공부방법에 큰 비중을 둔다. 덕성을 높이는 공부를 하게 되면 이미 그 안에 묻고 배우는 것을 계기로 삼는 공부가 포함되어 있다고 육구연은 설명한다. 그러나 주희는 '덕성을 높이는 공부'는 마음을 보존하여 도의 본래 모습[道體]의 위대함을 지극히 하는 방법이고, '묻고 배우는 것을 계기로 삼는 공부방법'은 앎을 지극히 하여 도체의 세세함을 다 드러내는 방법이라고 구분하며 이 양자의 공부방법을 덕을 닦고 도를 이루는 큰 단서라고 보았다.

7

그러므로 윗자리에 있으면서도 교만하지 않고, 아랫자리에 있으면서도 배반하지 않아, 나라가 잘 다스려질 때는 올바른 말을 하여 등용될 수 있고, 나라가 혼란스러울 때는 공손히 침묵을 지킴으로써 살아남을 수 있다. 『시경』에 "이미 밝고 지혜로워 이로써 자신의 몸을 보존하는구나"[2]라고 하니 이것을 말하는 것이로다.

是故居上不驕, 爲下不倍, 國有道其言足以興, 國無道其默足以容. 詩曰 "旣明且哲, 以保其身" 其此之謂與!

---

2. 『시경』 18권 「대아·증민」의 시이다. 이 시는 윤길보(尹吉甫)가 선왕(宣王)을 찬미하는 내용이다. 어진 사람에게 정사를 맡기고 능력 있는 자를 부려 주나라 왕실이 중흥하였음을 노래하였다.

제28장

사람의 도에 관하여 4

"아랫자리에 있으면서도 배반하지 않는다"에 이어서 말하고 있으니
또한 사람의 도를 논하는 장이다.

1

공자는 말한다. "어리석으면서도 자신이 등용되는 것을 좋아하고, 지위가 낮으면서도 자기 마음대로 하는 것을 좋아하며, 현재를 살아가면서도 예전의 도로 되돌아가려고 한다.[1] 이와 같은 사람은 재앙이 자신의 몸에 미칠 것이다."

子曰 "愚而好自用, 賤而好自專, 生乎今之世, 反古之道. 如此者, 災及其身者也."

2

천자가 아니면 예를 의론하지 못하고, 법도를 제정하지 못하며, 문자를 살피지 못한다.[2]

非天子, 不議禮, 不制度, 不考文.

---

1. 정현은 예전의 도로 되돌아가려고 하는 사람[反古之道]은 예전의 도가 훌륭하다는 것만을 알고 오늘날의 왕이 베푼 새로운 정치가 따를 만하다는 사실을 알지 못한다고 하였다. 이 장의 5절에서 공자가 하·은·주에서 베풀어진 삼례 중에 주나라의 예를 따르는 이유는 현재 주나라의 예가 행해지기 때문이라고 설명하고 있다. 여기서 예전의 도로 되돌아간다는 것은 주나라의 예가 행해지는 현재의 시점에서 하나라나 은나라의 예를 따르려는 것을 말한다.
2. 『주례』 「외사」에 외사의 관직은 제후국에서 사용하는 문자를 검토하여 당시 왕이 제정한 문자에 따르도록 하는 일을 맡았다고 한다. 따라서 고문(考文)이란 각 제후국에서 통용되는 문자를 살피는 일을 말한다.

3

오늘날 천하에는 모든 수레가 동일한 바퀴 크기를 공유하며,[3] 글은 동일한 글자를 사용하며, 행동할 때는 동일한 윤리원칙에 따른다.

今天下車同軌, 書同文, 行同倫.

4

지위를 갖고 있더라도 그에 합당한 덕이 없으면 감히 예악을 제정하지 못하며, 합당한 덕이 있더라도 지위가 없으면 역시 감히 예악을 제정하지 못한다.

雖有其位, 苟無其德, 不敢作禮樂焉, 雖有其德, 苟無其位, 亦不敢作禮樂焉.

---

3. 고대의 운송수단은 수레였다. 따라서 오늘날 도시에 차선이 있듯이 당시 사회에도 수레를 원활히 운행하기 위하여 일정한 노선이 있었다. 오늘날에도 도로를 정하는 데 나라마다 다른 표준이 있듯이 당시 고대에도 나라마다 표준이 달리 적용되었다. 따라서 여기서 수레의 바퀴 사이 폭이 동일하다는 의미는 바로 도로가 하나의 표준으로 통일되었음을 의미한다. 이는 각각의 나라들이 하나로 통일되었음을 짐작할 만한 문장이라고 할 수 있다. 참고로 고대에 바퀴 사이의 폭은 8척이 표준이었다고 한다.

5

공자가 다음과 같이 말하였다. "나는 하나라의 예를 말할 수는 있지만 (하나라의 후예국인) 기나라로선 충분히 입증할 수 없다. 나는 은나라의 예를 배웠는데 (은나라의 예는 은나라의 후예국인) 송나라에 남아 있긴 하다. 나는 주나라의 예도 배웠는데 오늘날 주나라의 예가 행해진다. 그러므로 나는 주나라의 예를 따르겠다."

子曰 "吾說夏禮, 杞不足徵也, 吾學殷禮, 有宋存焉, 吾學周禮, 今用之, 吾從周."

제29장
사람의 도에 관하여 5

주희에 따르면 이 장은 앞 장의 "윗자리에 있으면서도 교만하지 않다"에 이어서
논하는 것이니, 이 장도 사람의 도를 말하고 있다고 한다.

1

천하에 군림하면서 앞서 말한 세 가지 중요한 것[1]을 갖춘다면 천하를 다스릴 때 과오가 적을 것이다.

王天下有三重焉, 其寡過矣乎!

2

(하나라의 예나 은나라의 예처럼) 역사 이전의 오래된 것은 비록 좋다고 하더라도 검증할 수 없으니 검증할 수 없으면 믿을 수 없고, 믿을 수 없으면 백성은 따르지 않는다. 아래에 있는 사람은 비록 어질더라도 높은 지위에 있지 않으니, 높은 지위에 있지 않으면 신임하지 않고, 신임하지 않으면 백성은 따르지 않는다.

上焉者雖善無徵, 無徵不信, 不信民弗從, 下焉者雖善不尊, 不尊不信, 不信民弗從.

3

그러므로 군자의 도는 자기 자신에게 근본을 두고, 일반 백성에게서 입증되니, 하나라·은나라·주나라 임금들의 도에 비추어

---

1. 이것은 예를 논의하는 것과 법도를 제정하는 것 그리고 문자를 살피는 것, 세 가지를 말한다.

보아도 합치하지 않는 부분이 없으며, 천지간에 세워보아도 어긋나는 부분이 없으니, 귀신에게 물어보아도 의심나는 부분이 없고, 백 세대 뒤의 성인일지라도 의혹하지 않을 것이다.

故君子之道, 本諸身, 徵諸庶民, 考諸三王而不謬, 建諸天地而不悖, 質諸鬼神而無疑, 百世以俟聖人而不惑.

4
귀신에게 물어보아도 의심이 없다는 것은 하늘의 도를 알기 때문이고, 백 세대 뒤의 성인을 기다려서도 의혹을 받지 않는다는 것은 사람의 도를 알기 때문이다.

質諸鬼神而無疑, 知天也, 百世以俟聖人而不惑, 知人也.

5
그러므로 군자가 움직이면 대대로 천하의 도가 되고, 그가 행하면 대대로 천하의 법이 되며, 그가 말하면 대대로 천하의 준칙이 된다. (그러한 군자와) 멀리 떨어져 있는 사람들은 그가 오기를 기다리며, 그와 가까이 있는 사람들은 그를 싫어하지 않는다.

是故君子動而世爲天下道, 行而世爲天下法, 言而世爲天下則. 遠之則有望, 近之則不厭.

6

『시경』에 "저기에 있어도 미워하는 사람이 없으며, 여기에 있
어도 싫증내는 사람이 없으니, 거의 밤낮으로 길이 칭송받으리로
다"라고 노래하였다.[2] 군자가 이와 같이하지 않고서 일찍이 천하
에 명성을 떨친 사람은 없다.

詩曰 "在彼無惡, 在此無射, 庶幾夙夜, 以永終譽!" 君子未
有不如此而蚤有譽於天下者也.

---

2. 『시경』 19권 「주송·진로」이다. 이 시는 하나라와 상나라 두 왕조의 후손이
와서 제사를 도운 것을 읊은 내용이다.

제30장

하늘의 도에 관하여 4

동양 허씨에 따르면 이 장에서는 먼저 성인의 도와 천지의 도가 같음을 말하였다.
"만물이 함께 자라난다"고 한 3절 역시 단지 천지의 위대함을 말하기만 해도
성인의 위대함은 저절로 드러나게 된다고 하였다.
앞 장에서는 문왕의 시를 인용하여 결론지었는데
이 장에서는 공자가 행한 것으로써 시작하고 있다.
이 두 장은 서로 표리를 이루니 모두 성인의 덕을 형용한 것이다.

1

공자는 요임금과 순임금을 으뜸가는 조상으로 여겨 이어받으셨고 문왕과 무왕(이 이룬 업적)을 본받아 밝히셨다. 위로는 하늘의 운행을 본받고 아래로는 그 지방의 풍토를 따랐다.

仲尼祖述堯舜, 憲章文武, 上律天時, 下襲水土.

2

비유하면 땅이 받쳐 실어주지 않는 것이 없고, 하늘이 덮어 감싸주지 않는 것이 없는 것과 같으며, 사계절이 갈마들어 운행하고, 해와 달이 번갈아 밝게 빛나는 것과 같다.

辟如天地之無不持載, 無不覆幬, 辟如四時之錯行, 如日月之代明.

3

만물은 동시에 자라면서도 서로 방해되지 않고, 도는 동시에 행하여져도 서로 어긋나지 않는다. 조그마한 덕은 냇물이 흐르는 것과 같이(맥락이 분명하고 끊임없이 흘러가며), 커다란 덕은 변화하여 이루어짐이 도타워서 (근본이 성대하니 변화함이 무궁무진하다) 이것이 천지가 위대한 까닭이다.[1]

---

1. 주희는 다음과 같이 설명하였다. "하늘은 덮어주고, 땅은 실어주며, 만물은

萬物竝育而不相害, 道竝行而不相悖, 小德川流, 大德敦化,
此天地之所以爲大也.

그 사이에서 함께 자라나면서도 서로 해치지 않고, 사시사철 해와 달이 두루
행해지고 번갈아가며 밝아지지만 서로 어그러짐이 없다. 서로 해치지 않고
어그러지지 않는 이유는 작은 덕이 냇물과 같이 흐르기 때문이고, 함께 자라
나고 함께 운행되는 것은 커다란 덕이 변화하여 이루어짐이 도탑기 때문이
다. 작은 덕은 전체의 부분이고, 커다란 덕은 만 가지로 갈라진 것의 근본이
다." 여기서는 천지의 도를 말함으로써 앞 절의 비유가 의미하는 내용을 밝
혔다.

제31장
하늘의 도에 관하여 5

주희에 따르면 이 장은 앞 장에 이어서 "조그마한 덕은
하천이 흐르는 것과 같이 맥락이 분명하고 끊임없이 흘러간다"라고 한 부분을
부연 설명하는 것이니, 이 장도 하늘의 도를 다루고 있다고 한다.

1

오직 천하의 지극한 성인만이 총명예지로 백성을 다스릴 수 있고, 너그럽게 부드러움으로 포용할 수 있고, 힘차고 굳세어 확고하게 지켜나갈 수 있고, 단정하고 위엄있게 중정을 유지하여 공경을 받을 수 있고, 이치에 밝고 세밀하게 관찰하기 때문에 분별이 있을 수 있다.[1]

唯天下至聖, 爲能聰明睿知, 足以有臨也, 寬裕溫柔, 足以有容也, 發強剛毅, 足以有執也, 齊莊中正, 足以有敬也, 文理密察, 足以有別也.

2

보편적이고도 광대하며 고요하게 깊고도 깊어 적절한 때에 그의 덕을 발현한다.

溥博淵泉, 而時出之.

3

보편적이고도 광대함은 하늘과 같고 고요하고도 깊음은 못과

---

1. 주희는 여기에서 총명예지는 태어나면서부터 아는 자질이라고 보고, 아래 네 가지는 인의예지의 덕목이라고 한다.

같다. (그러므로 그러한 덕을 지닌 군자가) 나타나면 백성들은 공경하지 않는 이가 없고, (그러한 덕을 지닌 군자가) 말을 하면 백성들은 신뢰하지 않는 이가 없으며, (그러한 덕을 지닌 군자가) 행하면 백성들은 기뻐하지 않는 이가 없다.

溥博如天, 淵泉如淵. 見而民莫不敬, 言而民莫不信, 行而民莫不說.

4

그러므로 그의 명성이 온 나라에 넘쳐나 주변의 오랑캐나라에까지도 영향을 미친다. 배나 수레가 이르는 곳이나 사람의 힘이 미치는 곳·하늘이 덮어주는 곳·땅이 실어주는 곳·해와 달이 비치는 곳·이슬이 내리는 모든 곳에 생명이 있는 것들은 모두 존경하고 친근하게 여기지 않는 이가 없다. 그러므로 '하늘에 짝한다'고 말한다.

是以聲名洋溢乎中國, 施及蠻貊, 舟車所至, 人力所通, 天之所覆, 地之所載, 日月所照, 霜露所墜, 凡有血氣者, 莫不尊親, 故曰配天.

제32장
하늘의 도에 관하여 6

주희는 이 장을 다음과 같이 설명하고 있다.
"이 장은 앞 장에 이어서 '커다란 덕은 변화가 돈후하여
근본이 성대하니 변화함이 무궁무진하다'고 한 부분을 말하고 있다.
그러므로 이 장은 하늘의 도에 관해 설명하는 장이다.
앞 장에서는 지극한 성인의 덕을 말하였고,
이 장에서는 지극한 성실함의 도를 말하였다.
그러나 지극한 성실함의 도는 지극한 성인이 아니면 알 수 없고,
지극한 성인의 덕은 지극한 성실함이 아니면 행해질 수 없다.
그러므로 양자는 분리되지 않는다."

1

오직 천하의 지극한 성실함만이 천하의 위대한 법도〔大經〕로 다스릴 수 있고, 천하의 위대한 근본을 세울 수 있으며, 천지의 온갖 변화와 생성을 알 수 있다. 어찌 달리 기댈 데가 있겠는가?

唯天下至誠, 爲能經綸天下之大經, 立天下之大本, 知天地 之化育. 夫焉有所倚?

2

얼마나 간절하고 지극한가, 그 인자함이여! 얼마나 깊고 깊은 가, 그 심오함이여! 얼마나 넓디넓은가, 그 하늘이여!

肫肫其仁! 淵淵其淵! 浩浩其天!

3

진실로 총명하고 성인의 지혜를 갖추어서 하늘의 덕에 도달한 사람이 아니라면, 그 누가 그러한 사람을 알아볼 수 있겠는가?

苟不固聰明聖知達天德者, 其孰能知之?

제33장

『중용』의 요체

주회는 마지막 장을 다음과 같이 정리하고 있다.
"자사는 앞 장에서 성인과 천도의 극치를 말하였고, 그 근본을 돌이켜 구하였다.
그리고 홀로 있을 때에 근실하게 하고
자신을 닦는 기본적인 공부로부터 확대해나아가 공손함을 돈독히 하여
천하가 태평함에 이르는 성대한 경지를 말하였다.
또한 그 도의 오묘함은 색도 없고 냄새도 없는 경지에 이른 뒤에야 그친다고
찬탄하였다.
한 편의 요체를 들어서 간략하게 설명하니,
반복하여 사람들에게 설명해주는 뜻이 매우 간절하다고 하겠다."

1

『시경』에 "비단옷을 입고 얇은 홑옷을 덧입었도다"라고 하였
다.[1] 그 이유는 비단옷의 문채가 곧바로 드러남을 꺼려했기 때문
이다. 그러므로 군자의 도는 은근하지만 날로 드러나고, 소인의
도는 첫눈에는 확 드러나지만 날로 사그라진다. 군자의 도는 담
담하지만 물리지 않고, 간소하지만 무늬를 띠고 있으며, 온유하
면서도 조리가 있다. 그러므로 아득하게 먼 것은 가까운 데서 비
롯한 것임을 알며, 바람이 어디에서부터 불어오는지 알며, 은미
한 것이 분명하게 드러남을 알면, 함께 덕에 들어갈 수 있다.[2]

詩曰 "衣錦尚絅", 惡其文之著也. 故君子之道, 闇然而日章,
小人之道, 的然而日亡. 君子之道, 淡而不厭, 簡而文, 溫而理,
知遠之近, 知風之自, 知微之顯, 可與入德矣.

---

1. 『시경』 3권 「위풍·석인」이다. 이 시는 장강(莊姜)을 불쌍히 여기는 내용이다.
   장공이 사랑하는 첩에게 빠지자 첩은 교만해져서 정실부인인 장강의 자리를
   넘보았다. 장강은 어질지만 자식이 없었으므로 백성들이 장강을 불쌍히 여
   기고 걱정하는 내용이 이 시에 담겨 있다.

2. 주희는 이 절의 의의를 다음과 같이 설명하였다. 앞서 30장, 31장, 32장에서
   하늘의 도를 말하면서 공자가 하늘의 이치를 체득한 덕과 지극한 성인, 지극
   한 성실함의 공용을 말하였으니 중용의 도가 지극하다. 이것만으로 그친다
   면 배우는 사람들이 고원한 곳으로 치달려 착실히 쌓아나가는 공부를 잊고
   혹 귀착점을 잃게 될 것이다. 그러므로 이 장에서 다시 착실히 쌓아나가 마음
   을 세우는 시초에서 내심에 힘쓰는 아주 절실한 부분을 말하였다. 그리고 이
   이후에는 다시 여기서부터 미루어서 지극한 곳에 이르는 것을 말하였다.

2

『시경』에 "은밀히 잠겨 있어 보이진 않으나 오히려 밝게 드러나 있네"라고 하였다.[3] 그러므로 군자는 자신을 성찰해서 잘못됨이 없게 하여 자신의 마음속에 부끄러움이 없도록 한다. 군자에게 보통 사람들이 미칠 수 없는 점은 오직 다른 사람들이 보지 못하는 바로 그곳이다.[4]

詩云 "潛雖伏矣, 亦孔之昭!" 故君子內省不疚, 無惡於志. 君子之所不可及者, 其唯人之所不見乎.

3

『시경』에 "네가 너의 방 안에 있을 때를 살펴보니 잘 보이지 않는 방구석에서도 부끄러움이 없도록 하라"라고 하였다.[5] 그러므로 군자는 움직이지 않아도 공경을 받고, 말하지 않아도 믿음을 준다.

---

3. 『시경』 11권 「소아·정월」이다. 이 시는 화가 미쳐서 도망갈 곳이 없음을 노래하였다. 이 시는 대부가 유왕(幽王)을 풍자하는 내용이다.

4. 주희는 이 구절은 1장에서 "은밀한 것보다 눈에 잘 띄는 것이 없고, 미세한 것보다 분명하게 드러나는 것은 없다"라는 부분을 이어서 말한 것이라고 하였다. 이는 군자가 홀로 있을 때 근실히 하는 일이다.

5. 『시경』 18권 「대아·억」이다. 이 시는 위(衛)나라 무공(武公)이 여왕(厲王)을 풍자하고 또한 스스로 경계하는 내용이다.

詩云 "相在爾室, 尙不愧于屋漏." 故君子不動而敬, 不言而信.

4

『시경』에 "나아가 신명에 감격하니 말이 필요없구나! 이때는
아무런 분쟁이 없었네"라고 하였다.[6] 그러므로 군자가 상을 주지
않아도 백성은 힘써 따를 것이며, 화내지 않아도 백성은 그 어떤
무기보다 더 두려워할 것이다.

詩曰 "奏假無言, 時靡有爭." 是故君子不賞而民勸, 不怒而民
威於鈇鉞.

5

『시경』에 "그윽히 드러나지 않는 덕이여! 모든 제후가 본받는
구나"라고 하였다.[7] 그러므로 군자가 공경을 돈독하게 하면 천하
가 태평스러워진다.

---

6. 『시경』 20권 「상송·열조」이다. 이 시는 중종(中宗) 태무(太戊)를 제사하는 내
   용이다. 주희는 이 시의 의미를 나아가 신명에 도달한 즈음에 성실함과 공경
   함을 지극히 하여 말을 하지 않아도 사람들이 저절로 교화됨을 말하였다고
   풀이한다.
7. 『시경』 19권 「주송·열문」이다. 이 시는 성왕(成王)이 정사를 친히 다스림에
   제후들이 제사를 도울 것을 읊은 내용이다.

詩曰 "不顯惟德! 百辟其刑之." 是故君子 篤恭而天下平.

6

『시경』에 "내 밝은 덕이 소리와 색을 크게 하지 않음을 생각하노라"라고 하였다.[8] 공자는 다음과 같이 말하였다. "명성과 드러남으로 백성을 교화함은 말단이다. 시에 '덕은 가볍기가 터럭과 같으니'라고 하였다. 터럭에는 오히려 비교될 여지가 있지만 '드높은 하늘이 하는 일은 소리도 없고 냄새도 없나니'라고 하니 지극하구나!"[9]

詩云 "予懷明德, 不大聲以色." 子曰 "聲色之於以化民, 末也. 詩云 '德輶如毛' 毛猶有倫. '上天之載, 無聲無臭,' 至矣!"

---

8. 『시경』16권 「대아·황의」이다. 이 시는 주나라를 찬미하는 내용이다. 하늘이 은나라를 대신할 나라를 살펴보니 주나라만 한 나라가 없었고, 주나라에 대대로 덕을 닦은 분으로 문왕만 한 사람이 없었음을 노래하였다.

9. 주희는 드높은 하늘이 하는 일은 소리도 없고 냄새도 없어야 5절에서 말하는 '더 드러날 수 없는 지극함에 이를 수 있다'고 해석하였다. 즉 소리와 냄새는 형체가 없으므로 사물 중에서 가장 미묘해 사람들은 오히려 이것을 없다고 말하기도 한다. 그러므로 오직 이것으로 더 드러날 수 없는 독실하고 공경하는 미묘함을 형용한다고 하였다.

슬기바다 03

대학·중용(大學·中庸)

초판 제1쇄 발행일	1999년 06월 10일
개정판 제1쇄 발행일	2005년 04월 11일
신개정판 제1쇄 발행일	2022년 12월 27일

엮은이	주희(朱熹)
옮긴이	김미영
발행인	이지연

발행처	도서출판 홍익
출판등록번호	제 2020-000321 호
출판등록	2020년 08월 24일
주소	경기도 고양시 백석동 1324 동문굿모닝타워2차 927호
대표전화	02-323-0421
팩스	02-337-0569
메일	editor@hongikbooks.com

ISBN	979-11-91805-11-6 (04100)
	979-11-91805-07-9 (세트)